子どもの喜ぶ遊び・ゲームシリーズ②

子どもの喜ぶ創作集団ゲーム集

有木昭久著

黎明書房

はじめに

　「子どもと，どのようにあそんだらいいのか。どんなあそびを喜ぶのか——わからない。知りたい」という若い指導者や親が増えてきています。

　家庭教育学級や幼稚園や保育園の母の会，青年リーダーの研修会などで，いろいろ話を聞くと，幼児期に親にあそんでもらった機会が少なく，あまりおぼえていないということでした。「やったことがある」と言った方に詳しく聞くと，「最近教わったんです」といったような笑えない話もあります。多くの人は，「知っています」「見たことがあります」というものの，自分では体験したことがないというのが実情でした。

　しかし，そういった方でも，昔ながらの定番あそび「だるまさんがころんだ（はじめの一歩）」の話になると，がぜん目がランランと輝いたりします。これは，今の子どもも大好きなあそびの1つです。

　「なぜ，今も昔もあそばれているのか」「子どもに喜ばれる遊びとはどのようなものか」——その答えは，下記のような，「子どもに受け入れられるあそびの要素が」詰まっているからだと思います。

① <u>不思議な言葉</u>　"はじめの一歩"で始まる。ヨーイドンでも，笛のピーでもない，口々に唱えるスタート
② おにが後ろを向いている間に，<u>おにに近づくスリル（挑戦）</u>
③ おににつかまった子を助ければ，<u>ヒーロー（主人公）になれる</u>
④ <u>誰でもできる</u>
⑤ <u>どこでもできる</u>

⑥　ルールがかんたん
⑦　身体に触れ合う（手をつなぐ）

　弱い子どもも，上手下手も関係なく，誰でも自分の力に応じて，自由におにパーッと近づいたり，ウロウロしたり……。伝承されてきたあそびには，こんなすばらしい智恵が隠されています。

　伝承ゲーム（あそび）は，あそびのエキスです。子どもの喜ぶあそびは，古い，新しいではなくて，おもしろいか，おもしろくないかです。

　集まった仲間によってあそび方が変わり，工夫され，やがて創作へと発展していくでしょう。

　この本の創作ゲーム（あそび）は，実践活動の中で生まれたもので，子どもとの合作です。

　この本を通じて，子どもと一緒に活動し，喜んでいただけたら幸いです。

　　2009年4月1日

　　　　　　　　　　　　　　　　　　　有　木　昭　久

この本の利用の仕方

はじめに

＊もくじの題名を見て，どんなゲームか考えてみましょう。

＊ページをひらき，絵だけ見て，どんなゲームか考えてみましょう。

＊説明文をよく読んで，あそびのルールを集まった子どもに合わせて，工夫しましょう。

＊一生懸命やるとケガが少ないので，おもいっきりあそんでください。

ゲームをする前に

＊とくに用意するものは明記してありませんが，絵や説明文を見て，準備をしてください。

＊あそぶまわりの環境を点検し，整備しましょう。

＊子どもに興味を持たせるように(何が始まるのかな)，線を引いたり，地面に絵をかきながら，あそびの説明をしましょう。

＊勇ましいあそびの時は，準備運動をしてから，始めましょう。

＊勇ましいあそびでは，けったり，ひっかいたり，なぐったり，かみついたり，首をしめるのは反則です。説明の時に大げさに動作をつけて，みんなに見本を見せましょう。子どもたちも理解し，大変喜び，大笑いします。

ゲームの始まり

＊おにを決める

① 「ジャンケンポン」　全員でジャンケンをし，勝った人は抜けて，負けた人同士で，また行ないます。最後に残った人がおにになります。

② 「ドーンジャン」　一斉に2人ずつでジャンケンをして，勝った人は抜けて，負けた人は他の相手を見つけて，また行います。最後に残

った人がおにになります。
③ 「多いもんがちジャン」 "おおいもんがーちジャン"と全員で唱えながらジャンケンをして、グー、チョキ、パーのどの形が多いか、その数を調べて一番多い形の人が勝ちとなり抜けます。2～3回ほど行ない、人数が少なくなったら、普通のジャンケンをして、おにを決めます。
④ 「○なしジャン」 リーダー（先生）が「グーなしジャン」と唱えたら、みんなはグーを出さないで、チョキかパーを出します。グーを出した人は残り、また「○なしジャン」と唱えます。何回か行なって、人数が少なくなったら、子ども同士で普通のジャンケンをしておにを決めます。
⑤ 「集団ジャンケン」 リーダー（先生）とジャンケンをします。負けた人はもう一度、リーダーと行ないます。こうして人数が少なくなったら子ども同士で普通のジャンケンをしておにを決めます。
⑥ 「ずいずいずっころばし」 集まった人は両手を軽く握り、輪になって並びます。リーダー（先生）は歌に合わせて、人指し指を1人1人のこぶしの穴の中に入れ、歌の終わりにあたったこぶしの人は抜けて、最後まで残った人がおにになります。
⑦ 「どのおせんべが焼けたかな」 両手の甲を上にして輪になり、リーダー（先生）が歌に合わせて人差し指で、1人1人の手の甲を突いて、歌の終わりにあたったら、焼けたことになり、ひっくり返し、両面焼けたら抜け、最後まで残った手の人がおにになります。

＊2チームに分ける
① 「グーパージャス」 全員がグーかパーのどちらかでジャンケンをします。人数を数え、同人数いたらそれぞれグループになります。奇数（11人）の時は、5人、6人と分かれます。
② 「ドン、ジャン」 2人でジャンケンをして、勝った人チームと負けた人チームに分かれます。

③ 「とり，とり」 仲間の中から代表を2人選んで（立候補でもよい），その2人でジャンケンをします。勝った人は，自分のグループにしたい1人を指名し，次に負けた人が選びます。また，2人はジャンケンし，次々に選びます。こうして2組みのグループに分けます。1人あまった時は，最後のジャンケンで勝った人が「ほしい」「あげる」と唱えて決めます。

④ 男女，2列並び，親子，クラスなど
現場の状況でいろいろ工夫しましょう。

＊3チームに分ける

① 「○人はなかよし」 何人で何組つくるか，頭の中に入れておいて，「○人はなかよし」と言って，子ども同士仲間をつくって座ります。

② 「グー，チョキ，パー集合」 3チームをつくる時，全員でジャンケンをして，自分の出した「グー」「チョキ」「パー」を唱え，同じグループ同士集まります。

③ 「ドレミ」 1列に並びます。リーダーは，前から順に頭をさわりながら，「ドレミドレミ」と唱え，チームに分けます。

ゲームをしている時

＊ルールの説明は，簡潔に。指導する現場の対象に合わせて，自分の言葉に直してください。また，一緒に動きながら，ルールがわからない子には説明してあげましょう。話を長くするより，身体を動かすことを優先させます。

＊勝負を決めるあそびは，勝ち負けをはっきりさせましょう。もちろん，勝負だけが目的ではありません。いかに楽しく遊ぶかが目的なのです。負けたチームもよくがんばった事を強調し，「エイエイオー」「チクサクコール」などをさせて，雰囲気を盛りあげましょう。

＊あそびがだいたい理解できて，動きまわっている時は集めずに，自由にやらせます。時にはどっちが勝ったかわからない事もありますが，そこは

子どもたちに「ゴメン，ゴメン，どっちが勝ったのかな」と正直に言うと，子どもはきちんと対応してくれます。
＊人数が足りない時などは，一緒に仲間として参加し，積極的に雰囲気をもりあげましょう。あそびの流れがあまりにも変わるようでしたら，一歩さがって様子を見ましょう。

この本のあそびの記録

各ゲームごとに記録をつけました。

年　月　日	対象	場所	喜び
'09．4．1	年長児	園庭	◎

- ●対象　年長児，小学校1～4年生
- ●場所　園庭，教室，公園など
- ●喜び　喜んだ◎　　まあまあ○
  　　　　ぜんぜんダメ×

　喜びが×の場合は，対象，場所，説明の仕方に，ひと工夫して再挑戦してみましょう。

指導メモ、あそびメモ

　実践した時の様子や，あそびの展開，応用について書いてあります。
　"あそび方""ルール"だけではなく，ぜひ読んでください。新しいあそびのヒントになれば幸いです。

もくじ

はじめに …1
この本の利用の仕方 …3

みんなであそぼう

1 あくしゅで こんにちは …12
2 ふたりはなかよし ポーズ大作戦 …14
3 ジャンケン ワンダフル …16
4 ジャンケン 尻たたき …18
5 まほうの じゅうたん …20
6 グー・チョキ・パー …22
7 いろいろや …24
8 宝島 …26
9 おんぶおばけ …28
10 手きりおに …30
11 子とろ列車 …32
12 ひとりはこわい …34
13 波おに …36
14 かずおに …38
15 おじゃま虫 …40

16　おとなりさん パチン　…42
17　顔かくしかくれんぼ　…44
18　ひこうき　…46
19　新しいむかしあそび　…48
20　バトルロイヤル　…50
21　バタバタ突破　…52
　　<コラム>　…54

2 チーム対抗ゲーム

22　みんな ヨーイドン　…56
23　ねずみとりき　…58
24　じしゃく　…60
25　人間ラグビー　…62
26　ジャンボつなとり　…64
27　じびきあみ　…66
28　宝とり　…68
29　突破大作戦　…70
30　マット棒たおし　…72
31　ガムテープ字さがし　…74
32　ガムテープはがし　…76
33　陣とり　…78
34　ドロボウをつかまえろ　…80
35　ポイント野球　…82
　　<コラム>　…84

各チーム対抗ゲーム

36　子ふやしリレー　…86

37　むかで　…88

38　人間ソリ　…90

39　新聞棒リレー　…92

40　私のあとについておいで　…94

41　グー・チョキ・パー・リレー　…96

42　絵かきジャンケン　…98

43　カードジャンケン　…100

44　集団ジャンケン　…102

45　長馬リレー　…104

46　移動大作戦　…106

47　みんな ひっこし　…108

48　服笑い　…110

49　オオカミとひつじ　…112

みんなであそぼう

1 あくしゅで こんにちは

　これから，みんなと握手をします。握手をしたら，必ず「こんにちは」といってあいさつをしてください。そのあと，すぐに「サヨウナラ」と手を離し，バイバイをします。
　つぎからつぎへ他の人と「こんにちは，サヨウナラ」をして，10人の人と握手をしおわったら座ってください。
　最後の人にならないようがんばるあそびですよ。
　同じ人とは，2度できないんだよ。わかったかな。それでは「ヨーイドン」
　（みんな，とても一生懸命になります。）
　「…………」
　「あっ，ケンちゃんがいちばん遅かったね。でももう1回やるから，こんどはガンバルんだよ。」さあもう一度。「ヨーイドン」

(記　録)

年　月　日	対象	場所	喜び

(指導メモ)

　はじめは，リーダーが"ヤメー"の合図をするまで「こんにちわ，サヨウナラ」をやらせる。そしてそのあとこのあそびにはいってください。
　人数を決めると，急に全員がハッスルしはじめます。
　とてもにぎやかで，和気あいあいのあそびです。
　勝ち負けにあまりこだわらず，何度もやってみましょう。

創作●みんなであそぼう

つぎつぎといろんな人とあくしゅをして
10人おえたらすわる。

2 ふたりはなかよしポーズ大作戦

「ふたりはなかよし」といったら,だれでも近くの人と手をつないで座ってください。
いいかな。それではいくよ。
「ふたりはなかよし！」
「みんな,おともだちがみつかってよかったね。」(ひとりの子がいたら,リーダーが手をつないで,よかったよかったという。)
「さあつぎは,今のおともだちとサヨウナラをしてください。」
「サヨウナラ……」
「ふたりはなかよし！」(何回もやりましょう。)
さあつぎは,「ふたりはなかよし」といったら,おもしろいポーズをつくってみましょう。
「ふたりはなかよし！」
「うまいぞ。おもしろいのができた。○○ちゃんのグループいいぞ。10秒間がんばるんだよ。」
「1・2・3………10」それでは「サヨウナラ」「ふたりはなかよし！」

記 録			
年 月 日	対象	場所	喜び

指導メモ

歌をうたいながらリーダーのまわりをまわったり,走ったりさせてから「ふたりはなかよし」をすると,もり上がります。何度も何度もやってみましょう。
他の子を見ながらだんだん違ったおもしろいポーズをつくり出します。
運動会等の組体操に応用してみましょう。

創作●みんなであそぼう

① なかよしふたり組をつくる。

② おもしろいポーズをそうだんする。

③ ポーズをつくったら10秒間はじっとがまん！

おもしろいポーズのチームがいたら、みんなでそのかっこうをつくってみよう。

③ ジャンケン ワンダフル

　ふたりむかいあって，ジャンケンをします。
　勝った人は，相手のほっぺを片方だけつまんでください。（見本を示す。）
そして，ほっぺをつまんだまま，あいている手でジャンケンをします。
　「ジャンケンポン」
　「あれ，負けちゃった。こんどは，きみがつまむんだよ」
　そして，またジャンケン。こうして2回勝つと両方のほっぺをつまめるね。
そのとき「ワンダフル」といって前と後にふります。ふりおわったら，最初
からまたやりましょう！
　「さあ，それでは，みなさんはじめてください」
　「…………」「ヤメー」
　「ワンダフルを一回もやれなかった人，手をあげてください。」
　「ハーイ，よかったですね。たくさんやられた人は，相手の顔を見ながら
ブルブルと顔を左右にふって笑いましょう」

（記　録）

年　月　日	対象	場所	喜び

（指導メモ）

　あまり長くやっているとほっぺがいたくなるので，そこそこでおわりにしましょう。
　このあそびは，洗剤のコマーシャルがヒントになっています。
　また，ともだちをどんどんかえてやってみるのもいいと思います。

創作●みんなであそぼう

① ジャンケンで
勝った子（Bくん）は
負けた子（Aくん）の
ほっぺをつまむ。

② Bくんは，Aくんの
ほっぺをつまんだま
まもう一度ジャンケ
ンをする。

③ AくんもBくんも
相手のほっぺをつ
まんだままジャン
ケンをする。

④ BくんはAくんの
両方のほっぺをつ
まんだまま「ワン
ダフル」といって
前後にふる。

4 ジャンケン 尻たたき

　ふたりむかいあってジャンケンをしましょう。
　勝った人は，負けた人が「10」までかぞえている間中お尻をたたくことができます。負けた人は，ぜったい逃げちゃだめだよ，いいね。かぞえ忘れると，いつまでもたたかれてしまうから，大急ぎでかぞえるといいよ。
　このようにして，何回もやってください。
　みんな，お尻たたきがじょうずになったね。
　それでは，こんどは，だれのお尻をたたいてもいいというあそびにしてみよう。全員が相手だよ。ゆだんしていると〝痛いー〟ということになるよ。
　さあ，やってみよう。
　たたくとき，〝お猿のお尻はまっかっかー〟といってはやしたててやろう。

（ 記　録 ）

年　月　日	対象	場所	喜び

（ 指導メモ ）

　これも適当なところでおえるようにしてください。
　また，ともだちをかえてどんどんやって，5回勝ったら座って待つという方法もいいでしょう。
　負けてばかりいると，おさるのお尻になってしまう子もいるかもしれませんが，どうしてどうして，けっこうみんながまん強いものです。

創作●みんなであそぼう

① ジャンケンで勝った子がたたく。

② 負けた子はいそいで「10」かぞえる。

5 まほうの じゅうたん

記録

年 月 日	対象	場所	喜び

指導メモ

ときには，シートを使ったあそびもいろいろ工夫してみましょう。

あれば，子どもたちは自由に使ってあそぶでしょう。

トンネルをくぐろう

シートの中央をもちあげてトンネルをつくる。

シートの一方をふみつけ，自由にくぐりぬける。

シートを半分にして折り口をふみつけトンネルをつくる。

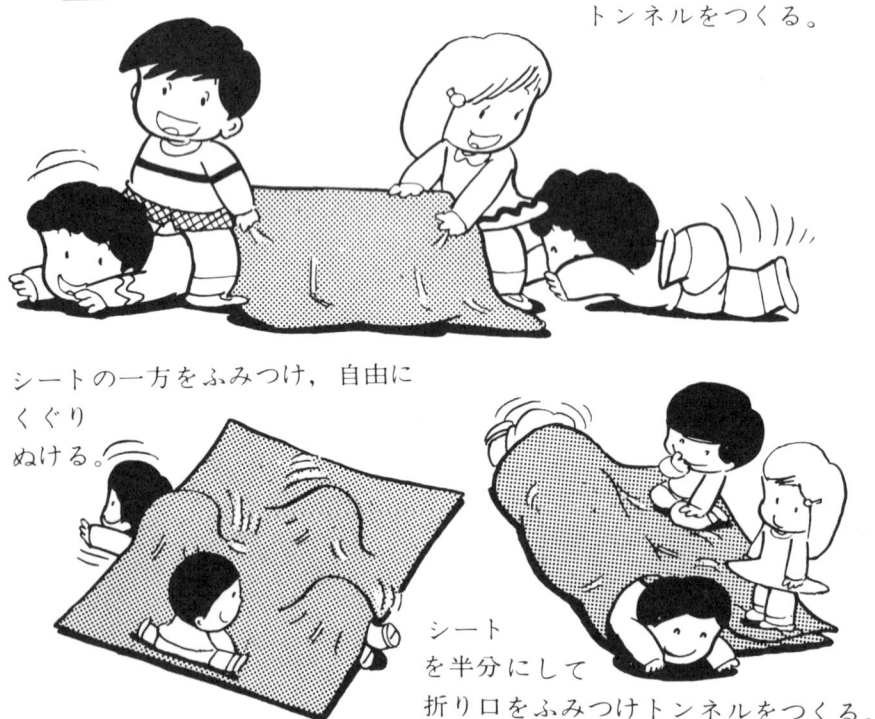

創作●みんなであそぼう

まほうのジュウタン

シーッ おしゃべりはダメよ！
シーッ
シート

「これはまほうのジュウタンです。声をたてずに静かにそっとのると、ジュウタンが動きますよ」といって、子どもをシートにのせる。

ほんとに静かになったら順番にシートにのせてやる。

おにごっこ

シートの中が安全圏
シートをだんだんたたんでいく。

この子はだあれ？

シートの後から、手や足をだしてあてっこをする。

⑥ グー・チョキ・パー

　これからみんな一緒にジャンケンをしましょう。

　ジャンケンで同じものを出した人は集まってください。一度出したものはかえないでね。いいかな。

　たとえば，もし"グー"を出したら，「グー」「グー」「グー」といって仲間を集めてください。こうして早く集まって座ったチームの勝ちになります。

　それではいくよ。「ジャンケンポン」

　だいたいそろって座ったところで，「ヤメー」の合図をしてください。

　同じ仲間が全部そろっていたら，その子どもたちに1点あげます。同じ仲間が，2，3ヵ所にわかれて座っていたら，得点になりません。

　そして，もう3回ほどやってみましょう。

　だれが，いちばん点をとったかな？　4点とった人が最高点で，バンザイをさせます。他の人は，拍手をしてあげましょう。

記　録

年　月　日	対象	場所	喜び

指導メモ

　早く集まったと思ったら，他の場所にも同じ仲間がいることがおこります。このところがとてもおもしろいのです。できたチームごとに，全員同じグループが集まっているか確かめて，「このチームは，何のチームかな」などと聞いてください。

創作●みんなであそぼう

① 全員でジャンケンをする。

② 大きな声で「グー」「チョキ」「パー」をいって，同じもの同士集まる。

早く集まったグループの勝ち！

7 いろいろや

みんな，わたしのまわりをまわってください。

途中で「くだものや」といったら，自分のすきなくだものの名前を大きな声でいいましょう。そして，同じくだものの名前をいった人と仲間になり，座ります。うまくできたら1人に1点あげましょう。こうしてたくさん点をとった人の勝ちです。

では，いきますよ。「くだものやー」……

みんな集まったようだね。

1人の子もいるけど，相手がいなかったんだね。いいよ。

さあ，ここは何のチームかな。「リンゴ」

「ほかにリンゴはいませんか。いないようだね。うまくいきました。"バンザイ"をしましょう。うまくいったからこの人たちに，1人1点あげましょう」

「君は1人だけど，何かな。」「サクランボ」

「ほかにサクランボはいませんか。いないので君も1点だ」

「さて，このチームは……」「ミカン」……

記録

年 月 日	対象	場所	喜び

指導メモ

同じ仲間が集まる楽しみと，また人が言わないような名前を考え出すところが，このあそびのおもしろいところです。

「乗り物」「虫」「花」「動物」などでもやってみましょう。

はじめは全員で走る。リーダーの「くだものや」の声で，大きな声でくだものの名前をいう。
そして，声をたよりに同じくだもの同士が集まる。

うまく集まったら，1人1点。
2つのグループにわかれたら，
得点にならない。

8 宝島

　この島には，宝物（たくさんのお手玉）があります。ところが，ここに宝物を守る怪獣（わたし）がいます。この怪獣は，新聞棒をもっていて，みんなをたたきますよ。
　みんなは，この島の外からやってきて，この宝物をとりにきてください。だれがいちばん多くとるかな。
　もし，とろうとして怪獣にたたかれたら，島の外に出ます。宝物をとっても，途中でたたかれたら宝物をおいていってください。
　それでは，「ヨーイドン」。

(記　録)

年　月　日	対象	場所	喜び

(指導メモ)

　2つのチームに分かれて，どっちがたくさんとったか競争するのもいいでしょう。
　また，どんなにたたかれても，宝物をたくさんとった子の勝ちにしてもよいでしょう。
　いちばんたくさんとった子を怪獣にして，あそびをつづけてください。人数が多いときは，怪獣をふやしてみましょう。

創作●みんなであそぼう

⑨ おんぶおばけ

　２人むかいあって，ジャンケンをします。ジャンケンに負けた人が勝った人（おんぶおばけ）をおんぶして，10歩歩きましょう。10歩すすんだところで，負けた人が「おんぶおばけはどこにいる？」といってきいてください。
　このとき，勝った人は「柳の下」「天井」「トイレ」のポーズをすぐします。（リーダーはそのかっこうの見本を示す。）
　おぶっている人は，「柳の下」などとこたえて後ろをふりむきましょう。そのとき，もしもあたっていたら「おんぶおばけだー」といって，おばけをおろし，にげてください。
　おんぶおばけは，「20」かぞえておいかけ，つかまえたらまたジャンケンをします。はずれていたら，また10歩すすんで同じことをしましょう。
　それでは，はじめてください。

（記　録）

年　月　日	対象	場所	喜び

（指導メモ）

　くれぐれも，おんぶおばけは，動作をかえないようにさせましょう。
　このあそびは，ジャンケンとおんぶと，動作と鬼ごっこがまざりあっていますので，ルールを覚えるまでは，何回もやってください。覚えれば，ダイナミックなあそびとなります。
　動作は，みんなでいろいろ工夫してみましょう。

創作●みんなであそぼう

① ジャンケンで、負けた人が勝った人をおんぶする。

② 10歩すすんだところで、「おんぶおばけはどこにいる？」とききます。勝った人は、下のポーズのひとつをする。

はずれていたら、また10歩すすんで同じことをする。

10 手きりおに

　2人で手をつないでください。

　それでは，手をつないだまま少し走ってみましょう……。

　「ハーイ，集まれ」2人でなかよく走れたかな。

　こんどは，手きりおにという遊びをするよ。おには，わたしです。

　みんなは，おにが「20」かぞえる間に，手を離さずに逃げてください。おにはかぞえおわったら，みんなを追いかけて，つかまえ，なかよく握っていた手をはがします。こんなふうにはがすんだよ。(見本を行う。)こんなのは，反則だ。(空手チョップ，くすぐりなど，見本を行う。)

　みんなは，はがされないようにがんばるんだよ。

　はがされた人と，握っている手を変えた人はおにになるんだよ。そして，まだ2人でなかよく逃げている人の手をはがしにいってください。

　最後までがんばった人の勝ちだ。それでは，「1・2・3・4………20」

（記　録）

年 月 日	対象	場所	喜び

（指導メモ）

　「ふたりはなかよし」というゲームをしてから，このあそびをすると大変もり上がります。逃げる範囲は前もってきちんといいましょう。いちばん最後まで残った2人の人が，こんどはおにになってこの遊びをつづけてください。およそ5分もすると，あっという間におにばかりになってしまいますが，大変勇ましいあそびです。

創作●みんなであそぼう

11 子とろ列車

　おにを4人決めてください。
　その他の人は、おににつかまらないように逃げます。おには、みんなをおいかけてつかまえたら、自分の後につなげながら、またおいかけます。こうして全部つかまえたらおわりになり、いちばんたくさんつかまえたおにの勝ちになります。
　では、おにの人、ゆっくり「20」かぞえてください。その間にみんなは逃げるんですよ。
　「1・2・3………20」「ワー」
　「さあ、みんなつかまったね。どのおにがいちばんたくさんつかまえたかな……。○○ちゃんの勝ち」
　こんどは、各組でいちばん最後につかまった人がおにになって、このあそびをつづけましょう。

（記　録）

年　月　日	対象	場所	喜び

（指導メモ）

　おには、参加人数のおよそ5分の1くらいがいいでしょう。
　逃げる範囲を、最初に決めておいてください。意外とせまいところでできますよ。
　はじめはよいよい、だんだん子どもがふえてきて、走りにくくなるところがおもしろいですよ。

創作●みんなであそぼう

にげろ
にげろ

おににつかまった
子がおにのうしろ
につながっていく。

こっちから
はさみうちだ！

←おに

つかまえた

いやぁん

まてまて

12　ひとりはこわい

　これからわたしがおにになって，この新聞棒でみんなをたたきにいきます。
「こわいかな？」
　まだまだ逃げちゃだめだよ。
　みんなは，だれかと手をつないでいれば大丈夫。おには，くやしいけどたたけないんだ。でも，ひとりの子がいるのを見つけたらたたくよ。いいかな。
　みんなは，おにが遠くにいったら，手をはなして"アカンベエ"をしてもいいよ。
「いくぞー！」
　こんどは，いちばんよく動きまわった○○くんと○○くんと○○くんが，おにになってやってごらん。

記　録

年　月　日	対象	場所	喜び

指導メモ

　「勇気のあるもの，ひとりぼっちになってごらん」などと，やっている途中で声を入れると，みんなどんどんひとりになります。そこをねらってパチン。でも，子どもたちもじょうずになって，すぐ近くの子と手をつなぐのでとてもくやしい思いもします。

創作●みんなであそぼう

ひとりでいる子はいないかな

おにはひとりでいる子をみつけて新聞棒でたたく。

こっちこっち

やぁ～い

まてまてェ

ガハハ…！

おに

ここまでおいで

手をつないでいれば安心。

35

13 波おに

　おにを1人決めます。決まったかな。おには，帽子をかぶってください。ほかの子は，島の両はし（A・B）のどちらかに入りましょう。入りましたか。

　おには，この波の線の上を走って，線の上から子どもをつかまえます。ほかの子は，この線のなかを逃げまわりましょう。

　おににつかまった子は，つぎのおにになり，帽子をかぶって「20」かぞえてからおいかけます。

　「ヨーイドン！」

　みんな，よく走ったね。

　それでは，こんどはAとBの間をいったりきたりしましょう。途中，おににつかまってしまった子はアウトですから，抜けて待っていてください。

　こうして，子の1人でも，AとBの間を6往復したら，アウトになった子は，もう一度最初からできます。全員アウトになったら，つかまった子は，ジャンケンをして，いちばん負けた人がおにになります。

(記　録)

年　月　日	対象	場所	喜び

(指導メモ)

　庭に，水で線をたくさんひいて，線の上をはしるおにごっこもしてみましょう。かいておくと，子どもはきっと何かあそびを始めます。

　図では，説明のために，おにが3人になっていますが，実際は1人です。

創作●みんなであそぼう

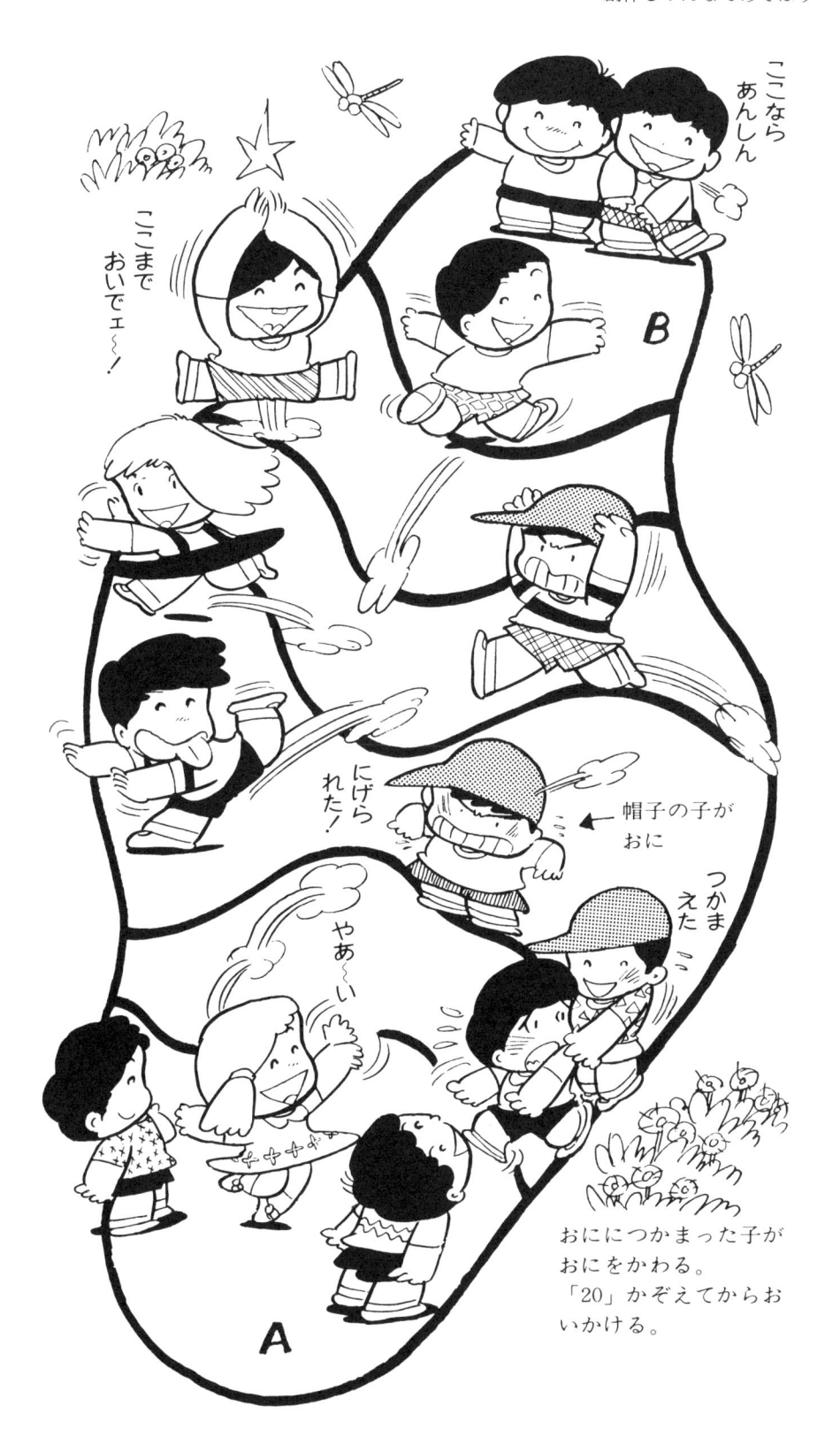

こならあんしん

ここまでおいでェ〜!

B

↑帽子の子がおに

にげられた!

つかまえた

やぁ〜い

A

おににつかまった子がおにをかわる。
「20」かぞえてからおいかける。

37

14 かずおに

　わたしのまわりをぐるぐるまわってください。途中で「2人組」といいますから、みんなは2人になって座りましょう。このとき、「1・2・3……10」までかぞえます。その間に、2人組になれなかった人はアウトです。円のなかに入ってください。

　さあ、最後まで残るのは、だれかな。

　このつぎは、「2人組」だけでなく、「3人組」「4人組」というのも入れてやるから、よーく聞いてやるんだよ。いいかな。

　「それー、走れ」「3人組」

　「1・2・3・4・5………10」

　「ハーイ、見つけたよ。その組、4人だからアウト。この人は1人だからアウト。」

　「だんだん少なくなってきたけど、がんばれよー」

記録

年月日	対象	場所	喜び

指導メモ

　人数が少なくなったら適当なところで、「これが最後ですよ」といってやりましょう。

　また、アウトになった子を、かわりばんこに復帰させて、1回もアウトにならなかった人の勝ちというようにしてもいいでしょう。

　これをやっていると、「10」近くなると、裏切って他の子についたりします。このかけひきが、だんだんおもしろくなってきます。

創作●みんなであそぼう

① 子は親のまわりをぐるぐる走る。

② 親の「2人組」の合図で子は2人になってすわる。このとき，親は「1〜10」までかぞえて，かぞえおわっても2人組になれなかった子は，アウト。

あいてがいないや

3人はダメなの

はい2人組

こまった！

すでにアウトになった子

親は「3人組」「4人組」などといってみよう！

15 おじゃま虫

みんな，この線に立ってください。
あそこに旗があるね。あの旗をぐるっとまわって元の線に戻ってきましょう。
さあ，それでは「ヨーイドン！」
みんな戻ってきたね。こんどは，いちばん遅く帰ってきた子がおじゃま虫になるんだ。おじゃま虫になった子は，あの四角い部屋のなかに入って，そこを通る子のじゃまをしましょう。
さあ，最後まで残るのはだれかな。
それでは，第1回戦ヨーイドン。
「〇〇くんが，いちばん遅かったからおじゃま虫だ」
こんどは簡単にはいかないよ。
第2回戦，ヨーイドン。

(記 録)

年 月 日	対象	場所	喜び

(指導メモ)

走る人数とおじゃま虫の人数が同じくらいになったらやめて，また最初からやってもいいでしょう。指導者が，「20」かぞえる間だけおじゃま虫はじゃまをして，「20」になったら手をはなすという方法もあります。自分たちで，その場の子どもの様子でルールを考え出してください。

創作●みんなであそぼう

〈1回目〉

① リーダーの合図で全員出発し旗をまわってくる。

② いちばん遅かった子がじゃまする。

〈2回目〉

③ こうしてじゃまする人はどんどんふえる。そして、最後まで残った人が勝ちになる。

16 おとなりさん パチン

　みんな，いすに座ってください。
　わたしのいすは，今はだれも座っていませんね。いいんですよ。
　それでは，わたしがはじめのおにになります。「動けやホイ」の合図をしたら，みんなほかのいすにうつってください。そのとき，「1～10」までかぞえながらおにもいすに座ります。座りおわったとき，おにの両どなりに座った人は，新聞棒でたたかれてしまうのです。ですから，おにのとなりに座らないようにがんばってください。たたかれた2人は，ジャンケンをして勝った人が，つぎのおにになります。いいかな。
　「動けやホイ」
　こうして，1回もぶたれなかった人の勝ちです。

記録

年月日	対象	場所	喜び

指導メモ

　たたく場所は，頭のときは軽く，お尻はきつくやってみてください。
　人数が多いときは，おにを2～3人にしてやりましょう。
　おにが，両どなりに座っているときは，両方からたたかれるので，たいへんです。何度もやっていると，おに同士が並ぶときがあります。このときは，お互いにたたきっこになるので，とてもおもしろくなります。

創作●みんなであそぼう

① おにになった子は新聞棒をもつ。
　　いすの数は人数分です。

② おにの「動けやホイ」の
　　合図で子どもたちはほか
　　のいすに移動する

③ 「10」かぞえながらみんなにまざっ
　　ていすにすばやく座る。

④ おにの両どなりに座った子は新聞棒でたたかれる！　たたかれた2人
　　はジャンケンをして、勝った人がおにになって遊びをつづけます。

17　顔かくしかくれんぼ

　これは，せまい所でやるかくれんぼです。どこにかくれるかって……。あまりないね……。でも，これは自分の洋服で自分の顔をかくしてあそぶんだよ。いいかな。

　では，2人組になってください。ジャンケンで負けた人は，わたしのまわりに集まってください。

　勝った人は，「20」かぞえる間に洋服をうらがえして，顔をかくして小さくなっていてください。声を出したりするとわかっちゃうよ。

　さがす人は，自分の相手をみつけたら，ここに集まってきてください。

　だれが，いちばんかくれるのがじょうずかな……。

　「1・2・3………20」

　つぎは，交替してやりましょう。

記録

年　月　日	対象	場所	喜び

指導メモ

　部屋のなかやホールや，あまりかくれ場のない所でやる集団かくれんぼです。

　洋服をうらがえして，じっと待つのがおもしろいようです。

創作●みんなであそぼう

① 2人組でジャンケンをする。勝った人はリーダーが「20」かぞえる間に服をうらがえしてかくれる。

② 「20」の合図で負けた人は，自分の相手をさがす。

うらがえしてすっぽりかくれる。

みつけたよ

だれだろう

18 ひこうき

みんな，線の外に立ってください。

「ヨーイドン」といったら，線のなかに片足で入ってみんなとたたかい，線内で両足がついた人やお尻をついた人はアウトになります。アウトになった人は，全員線の外でしんぱんをします。

たたかっていて少しつかれたり，たたかいたくないナと思ったら，線の外へ両足で出ることができます。線の外へ出た人は，しんぱんが「10」かぞえる間にすばやく，また線のなかに片足で入ってください。「10」かぞえる間に入らない人はアウトになります。いいですね。

それでは，最初のしんぱんをわたしがやりますよ。

「ヨーイドン」

(記　録)

年　月　日	対象	場所	喜び

(指導メモ)

かなり勇ましいあそびですが，大変人気のあったあそびで，「10」かぞえる間が，喜ばれた理由のようです。

念のため，外ではたたかうことはできません。

アウトになり，しんぱんになった子は，線外に出た子にむかって，すばやく「10」かぞえます。線外の子は，休む間もなく，すぐ片足でたたかいに参加しなくてはなりませんので，大変忙しい，しかもきついあそびです。

創作●みんなであそぼう

きみアウト

しんぱんは,しっかりみる。アウトになった子は全員しんぱんになります。

はあはあ ゼイゼイ

さあ がんばるぞ

この子 アウト！

やったァ〜

123…

外にでた子は,しんぱんが「10」かぞえる間になかに入る。

19 新しいむかしあそび

　みんなが知っているあそびも，こんなふうに工夫してみると，元気なあそびになるよ。
　2人むかいあって，手をつないで左右に大きくふって，
　「なべなべそこぬけ，そこがぬけたらかえりましょ」
でひっくりかえって，
　「なべなべそこぬけ，そこがぬけたらかえりましょ」
で元通り。このつぎの「なべなべそこぬけ」で，みんなどこかへとんでいってください。リーダーがおいかけ，つかまえます。
　そして，「そこがぬけたらかえりましょ」でかえってきて，他のおともだちと手をつなぎます。

記　録

年　月　日	対象	場所	喜び

指導メモ

　「3人ぐみ！　5人ぐみ」といって手をつながせるのも一つの工夫です。「どのおせんべがやけたかな」は，円になり，親が1人1人の手のひらをたたきます。最後のなのところにあたった子は，円のまわりや決まった場所をまわってくる，というように工夫をしてやってみましょう。

創作●みんなであそぼう

なべなべそこぬけ

① 「なべなべ…」とうたいながら、つないだ手を左右にふる。

② 「かえりましょ」でひっくりかえる。

③ 次の「なべなべ」を合図にみんなにげる。

リーダーはおいかけ、つかまえたらむしゃむしゃたべるかっこうをする。

全部の子が一緒に輪になるときは、「かえりましょ」で図のようにうらがえる。

どのおせんべがやけたかな

① 輪になって片方のてのひらを出し、輪のなかの人が「ど」「の」…「な」と順番に手をたたく。

② 「な」の子どもを外にはじき出し、出された子は輪をまわってもとにもどる。

20　バトルロイヤル

　さあ，みんなこの島のなかに入ってください。いいかな。
　これから，みんなで自分以外の子をこの島から出すあそびをします。
　おすもうごっこは知っているね。だけど，これは島のなかでひっくり返っても負けじゃないんだよ。身体のどこかが島のなかに残っていたら，まだまだセーフ（見本をみせる）。みんなとたたかって最後まで残った人の勝ちだ。わかったかな。
　出された子は，まわりで応援しよう。
　さあ，それでは「ハッケヨイ」。

記　録

年　月　日	対象	場所	喜び

指導メモ

　これは，プロレスではないので，とびげりや空手やバックドロップ等は使えません。とにかくおし出すあそびです。リーダーは，島の線のまわりをまわってレフリーになってください。
　第1回○○くん優勝……。おわったらもう一度。
　意外な子が残るので，ヤンヤのかっさいのうちにゲームが進行することでしょう。

創作●みんなであそぼう

51

21 バタバタ突破

　ふたりでむかいあって座ってください。座れたかな。
　いちばんはじめの人から順番に、みんなの足をふまないでむこうまでとおりぬけます。とおりぬけたら、すぐとなりに座って待っています。こんどは、つぎの人が出発しますよ。
　こうして全員行います。
　みんな、じょうずにできたね。
　つぎは、足をバタバタ上下に動かしてください。さあ、こんどは少し大変だ。とおりぬけるとき、いたいけどがまんしていくんだよ。
　とおりぬけたら、さっきと同じように座って足をバタバタやるんだ。
　それではいくよ。「ソレ、イケーッ！」

記録

年 月 日	対象	場所	喜び

指導メモ

　子どもは、足をバタバタするのが大好きです。でも、長つづきしない子がいますので、声をかけてがんばらせてください。また、とおりぬける途中ひっくりかえる子や泣く子もでてきますが、最後まで自分の力でやらせましょう。ぬけでたときは、ポーズを作らせるのもいいと思います。"ヤッター"という顔があふれています。何度もやっているうちに、子どもたちはとおりぬけ方をいろいろ工夫することでしょう。

創作●みんなであそぼう

ふたりむかいあって
足をバタバタさせる。
そのなかを
とおりぬける。

いくぞ

おらおら

やっとぬけられた

少しいたいけどがまんがまん！

集団ゲームのなかで，とくに2人で行うあそびを考えておくと，人数の多少にかかわらず，いろいろな展開ができます。

　集団ゲームは，みんなの気持ちを一つにします。声を出して身体を動かすのは，だれにとっても楽しいものですね。

　指導する人は，だれにでも気にとめて配慮をしてあげてください。無理じいは，とくに子どもを逆にあそび嫌いにしてしまいますので，気をつけてください。

　また，子どもからでてきたことばや動作や工夫を，いろいろな場面でつかってみましょう。

　とくに，はげしいあそびをするときは，準備運動・整理運動をしましょう。

　そのとき，たとえば，ひざの屈伸運動を「ポキポキ，ギューギュー」，腕の旋回を「へーんしん」，身体の前後屈を「クニャリン，ポン，チャーン」とやると，これも楽しいあそびの一つにすることができます。

2チーム対抗ゲーム

22 みんな ヨーイドン

　2チームにわかれて、それぞれ線の上に立ってください。
　「ヨーイドン」の合図があったら、相手チームの線にむかって、ぶつからないように走っていって、早くきちんとみんな並んだチームの勝ちです。
　ひとりでも遅い人がいたり、きちんと並んでいないと負けになっちゃうよ。いいかな。
　それでは、「ヨーイドン」。

（記録）

年　月　日	対象	場所	喜び

（指導メモ）

　このあそびは、すれ違うところがスリル満点。また、片足けんけんや変身などといって、片手を前に片手を直角に上にあげてすりぬけたり、いろいろ工夫してみましょう。
　慣れてきたら、2人で手をつないでいくのも大変楽しいですよ。なかにはすれちがうとき、リーダーのいうことを聞かないで違ったかっこうをする子がでたりしますが、これもまた逆におもしろいことだと思います。そのときは、○○くんのポーズがおもしろいから、つぎはあのポーズでやってみようというように工夫をしてください。

創作●2チーム対抗ゲーム

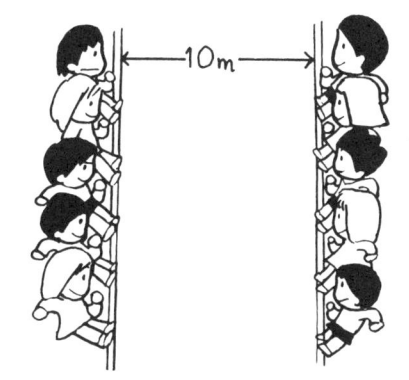

←10m→

「ヨーイドン」の合図で相手チームの線にむかって走る。早く一列に並んだチームの勝ち！

いそげいそげ

いて！

23 ねずみとりき

　2つのチームにわかれます。1つのチームは，輪になって手をつないでください。これが，ねずみとりきです。もう1つのチームは，ねずみです。

　さあ，これからねずみはねずみとりきのなかに入ったり出たりしてください。途中で「エサがありますよ」って言ったら，ねずみはねずみとりきのなかに入ります。ねずみたちが全部入ったら「ガチャーン」といいますから，ねずみとりきは座ります。さあ大変，ねずみはこのねずみとりきから逃げるんだよ。

　出るときは，ねずみとりきの手をはがすか手の下をくぐっていきます。上からは出られないよ。いいかな。

　「ヨーイドン！」

記録

年　月　日	対象	場所	喜び

指導メモ

　まず始めは，とにかくねずみが出るまでやらせてみましょう。全員出たら交替して行います。

　時間を決めて，何匹残ったかかぞえておき，つぎは交替して行います。こうして残った数の少ないチームの勝ちにします。リーダーは，上から越えた子がいないかよく見てください。いたときは，やり直しさせます。

　なかなか出られない子がいたら，脱出したねずみたちに「○○ちゃん，がんばれ」のコールをさせましょう。

創作 ● 2チーム対抗ゲーム

チューチュー　ねずみとりきの子　ねずみの子

① 最初ねずみは自由にねずみとりのなかを出入りする。
② 途中で「ガチャーン」といって座りこむ。

やったァ～　もう少しだ　でられないよ　だめよ　にがすものか

ねずみは上からでてはいけない。

24 じしゃく

　2つのチームにわかれましょう。
　わかれたかな。このチームはじしゃくチーム, このチームはじしゃくをはがすチームになりますよ。
　じしゃくチームは, わたしのまわりをまわってください。はがしチームはその外側をまわります。途中で「じしゃくになれー」といったら, じしゃくチームは, わたしのところにくっついてください。このとき, はがしチームはまだまわっています。
　「はがしていいぞ!」といったら, はがしチームはこのじしゃくをひっぱってはがし, あの島までつれていってください。つれていかれたじしゃくはそこの島で座って待っていてください。
　じしゃくは, はがされないようにしっかりつかまっているんだよ。
　それでは,「ヨーイドン」
　さあ, こんどは交替しましょう。

記　録

年　月　日	対象	場所	喜び

指導メモ

　このあそびは, チーム対抗ですが, 2人, 3人でかたまったのをはがす方法もあります。名称も, ドッキングとかペタペタということもあります。
　とにかく必死ではがされまいとする子どもの真剣な顔と汗がそこにありました。また時間を決めて, その間に何人残ったかを競うあそびにも展開してみましょう。

創作●2チーム対抗ゲーム

はじめはぐるぐるまわるんだ。

じしゃくの子をはがす子

じしゃくの子

島

じしゃくの子は
離れないようにがんばろう！

はがすぞ〜

よいしょ

あれ〜

25 人間ラグビー

　センターラインのところに，2チームむかいあって並んでください。
　各チームは，大将（ラグビーボール）を1人決めて後ろに立ってください。いいかな。
　はじめは，こっちのチーム(A)から攻撃をします。「ヨーイドン」の合図があったら，Aチームの人は，大将が相手のゴールにいけるように助けてあげましょう。そして，Bチームは相手の大将を自分たちのゴールに来れないようにつぶします。つぶされたら，合図をします。こんどは，Aチームの大将がつぶされたところを中心に，横一列にむかいあって並んでください。こんどは，Bチームの攻撃となります。
　こうして，味方の大将が相手のゴールに行くように助けるあそびです。
　さあ，どっちが何点とれるかな。

（記　録）

年　月　日	対象	場所	喜び

（指導メモ）

　かなり勇ましいあそびです。参加者の様子を見ておこなってください。
　大将がつぶされたら，リーダーはすぐに合図をしてすみやかに並ぶように指示してください。
　このあそびは，年長5歳児と6歳児，男女わけてたたかわせましたが，とてもよい試合となりました。

創作●2チーム対抗ゲーム

センターライン
Aチーム
ゴール
ゴール
センターラインを中心に1mはなれてならぶ。
Bチーム
10m 10m

笛の合図でまずAチームが攻撃。大将を敵のゴールにいかせる。

Aチームは自分の大将を助け、Bチームは大将をつぶします。

大将がつぶされるまでAチームの攻撃。

大将がつぶされた地点を仮にセンターラインと定して、こんどはBチームの攻撃

26　ジャンボつなとり

　　2つのチームにわかれてください。1つのチームはこちら，もう1つのチームはむこうの線の上に並んでください。
　まんなかに長いロープがありますね。「ヨーイドン」の合図で，あのロープを自分の陣へ運んできます。
　これは，ふつうのつなひきではなくて，ロープのどの部分でも自分の陣に早く入れたら勝ちというあそびです。入ったら「しんぱん」が笛で合図をしますから，笛がなったらロープから手を離して，自分の陣へ帰ってください。いいかな。
　それでは，「ヨーイドン」。
　「ピー」(子どもたち，手を離して自分の陣に戻る。)
　「ただいまの勝負，○○チームの勝ち」
　「バンザーイ」

記　録

年　月　日	対象	場所	喜び

指導メモ

　むかいあってロープをひっぱりあうので，お互いに力の限りがんばります。
　しんぱんは，はっきりと笛をならしましょう。
　何回もやってみてください。子どもたちは，いろいろな作戦をたてることでしょう。

創作 ● 2チーム対抗ゲーム

↑20mぐらい↓

ロープを中央におく

しんぱん →

きつい〜

よいしょ

だれか
きてくれ〜

たすけてェ〜

もう
すこしだ

ロープの
どの部分でも
自分の陣に
早く入ったら勝ち！

← しんぱん

65

27 じびきあみ

　ここに長いロープがあります。これが、さかなをとる"じびきあみ"です。1チームはさかなになり、もう1チームはじびきあみをひっぱる人になります。では、2チームにわかれてください。
　さかなになった人は、うつぶせにねて、あみを持ってください。
　さあ、用意はいいかな。
　さかなは手を離さずにしっかりつかまって、あみの人はむこうの線のところまで、がんばってひっぱってください。両方とも大変だけど、がんばるんだよ。
　「ヨーイドン」
　「到着！」
　こんどは、交替してやりましょう。

（記　録）

年　月　日	対象	場所	喜び

（指導メモ）

　さかなが重くてどうしても動かないときは、少し人数を減らして、3回交替で全員ができるようにしましょう。
　あおむけのときは、あみを少し手前から動かして、あみがちょうど頭の上を通過するときに、さかなにつかませるようにすると、つかめないさかなが出て、大変おもしろくなります。

創作 ● 2 チーム対抗ゲーム

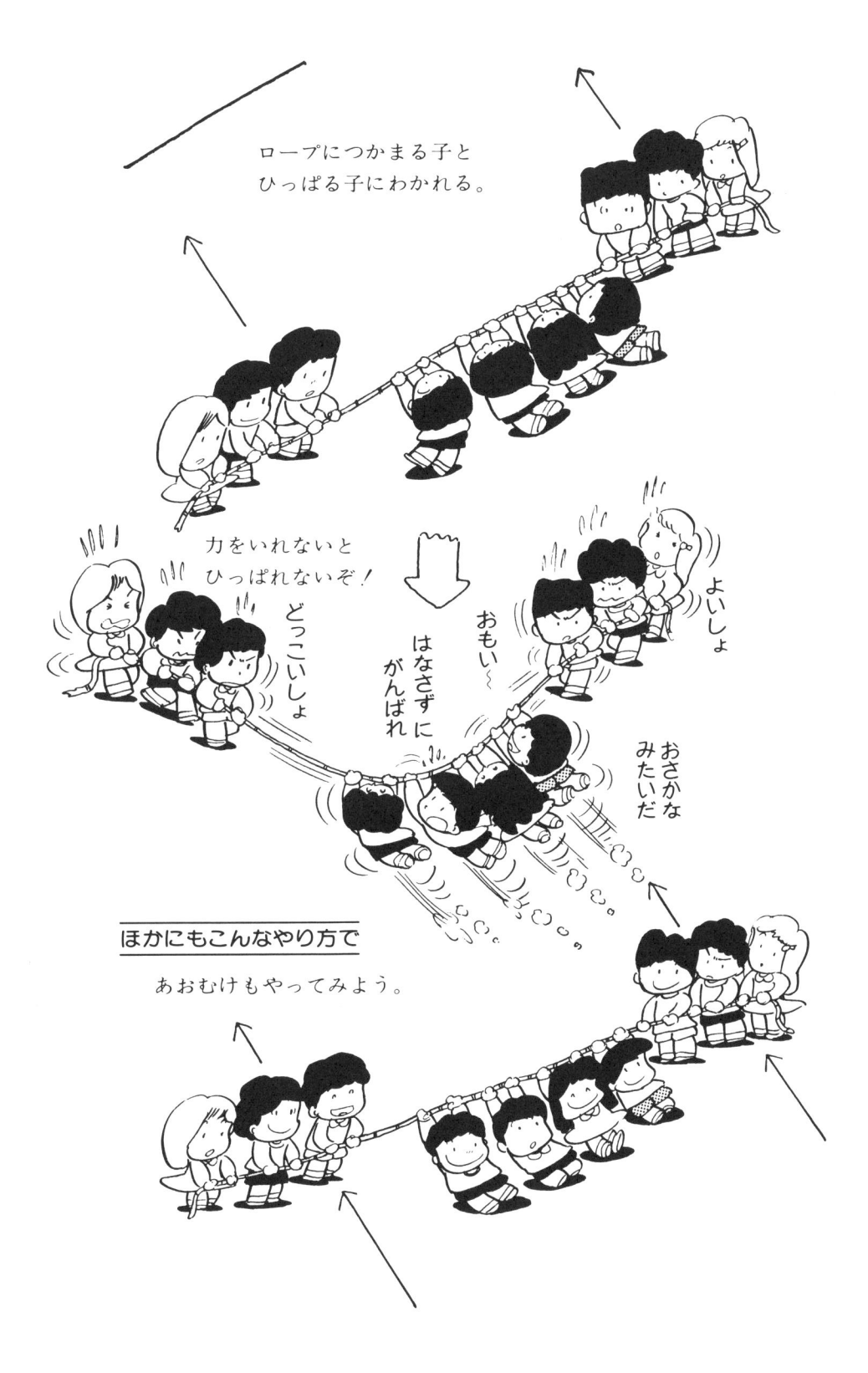

ロープにつかまる子と
ひっぱる子にわかれる。

力をいれないと
ひっぱれないぞ！

どっこいしょ

はなさずに
がんばれ

おもい〜

よいしょ

おさかな
みたいだ

ほかにもこんなやり方で
あおむけもやってみよう。

67

28 宝とり

　2つのチームにわかれてください。

　帽子をかぶったチームの陣は，ここです（A）。もう1つのチームの陣は，あそこです（B）。みんな，それぞれ陣のなかに入ってください。

　途中，陣と陣の間にくねくねの道がありますが，これがみんなの通れる道です。「ヨーイドン」の合図があったら，この道をすすみ，相手の宝を早くとったチームの勝ちです。

　相手のチームと出会ったら，たたかってください。線の外に出た人は，片足けんけんで自分の陣までもどり，またたたかいに参加できます。道や陣のなかで倒れても，そのままたたかいをつづけましょう。

　もしとったら大きな声で「トッター」といってください。

　「ヨーイドン！」

(記　録)

年 月 日	対象	場所	喜び

(指導メモ)

　何回かやっていくうちに，子どもたちのなかから，チーム内で守る人・攻める人を決めようという動きが必ずでてきます。バラバラですと，あっという間に宝をとられてしまうからです。

　何といっても，チーム対抗の場合は，チームワークです。最初は，各チーム守る人・攻める人を決めずにやってみましょう。

創作● 2チーム対抗ゲーム

Aチーム（帽子）と
Bチームにわかれる。

Aチームの宝

線からだされたら
片足けんけんで
自分の陣地の入口に
いき，たたかい
に参加できる。

はやく
もどら
なくちゃ

宝は
どこだ

えい！

おっと
ここまで
だよ

もうすこしだ

とらせて
なるもんか

Bチームの宝

29 突破大作戦

　2チームにわかれてください。

　1チームは，2列になってむかいあいます。そうです。右側の人は左手を，左側の人は右手を出してください（手は握らない）。

　用意はできましたね。

　さて，こっちのチームの人は，1人ずつ順にこの手のとびらを，いきおいをつけてむこうまでつきぬけてください。

　1人が終わったら，つぎの人ですよ。

　「それいけー！」

　全員おわったら，交替してください。

（記　録）

年　月　日	対象	場所	喜び

（指導メモ）

　途中どうしてもとまってしまったら，何とか声をかけてがんばらせるようにしましょう。

　また，ゲームにするには，リーダーが「10」かぞえる間につきぬけた子が何人いたかで勝負を決めます。

　とびらになった人には，手をぴんと張ってがんばらせてください。

創作● 2チーム対抗ゲーム

30 マット棒たおし

　2つのチームにわかれましょう。できたら，各チーム守る人と攻める人にまたわかれてください。守る人は，マットを立ててたおれないようにがんばるんだよ。

　「ヨーイドン」の合図があったら，各チームの攻める人が相手のマットめがけて突進し，早くたおしたチームの勝ちです。

　「ヨーイドン」……

　「○○チームの勝ち」

　さあ，こんどは交替してやってみましょう。人数は，みんなで考えてやりましょう。

　さあ，こんどは，どうやったら勝てるか作戦をたててください。

　「作戦会議……」

　「いよいよ作戦ができたようだね。それでは，ヨーイドン」

（記録）

年 月 日	対象	場所	喜び

（指導メモ）

　幼稚園の運動会で，これをやったところ，その勇ましさに父兄がびっくり。どの子も，ほんとうにがんばっていました。

　マットは，クルクルとまいてロープでしっかりと，ほどけないように結んでください。

　勇ましいあそびなので，マットの下じきになる子も出てきます。リーダーはすばやく処置しましょう。

創作●2チーム対抗ゲーム

31　ガムテープ字さがし

　２つのチームにわかれましょう。

　各チームとも，ガムテープをきって床に「ひらがな」の字をつくってください。そして，字をかくす人と，相手の字をさがす人にわかれて，「ヨーイドン」の合図で，相手チームの字をみつけにでかけてください。わかったら，わたしのところまで報告にきてください。

　相手のつくった字を，早くあてたチームの勝ちとなります。

　もし，間違った報告を２回したチームは，その時点でもう負けになってしまいますから，気をつけてね。

　それでは，「ヨーイドン！」

記録

年　月　日	対象	場所	喜び

指導メモ

　両チームに同じ長さのガムテープを渡し，うまく切ってきちんとはりつけるようにしてください。

　ある部分だけ見ると他の字に見える字にすると，とてもゆかいです。

　リーダーは，あらかじめ両チームの字をみておいてください。

　みんなで相談をして，字をつくったり，守ったりする時の子どもたちの表情は，とてもいいものです。

創作●2チーム対抗ゲーム

① 2つのチームにわかれてガムテープで「ひらがな」をつくる。

あ　ば

② リーダーの合図で相手チームの字を
あてにいく。
チームの半分は字をみられない
ようにかたまって
字をかくす。

どけ
どけ

「め」かな

③ わかったらリーダーに報告

リーダー
はあらか
じめ字を
みておく。

ちがうな…

「お」
だった

「は」だ

リーダー

32　ガムテープはがし

　2チームにわかれてください。
　これから，各チームにガムテープのきれはしを5枚わたします。そのガムテープを円のなかの床に，重ねないではりつけましょう。
　用意はできましたか。
　各チームとも，ガムテープを守る人と相手のガムテープをはがしに行く人にわかれましょう。
　守る人は，ガムテープの上にかぶさって，自分たちのガムテープをしっかり守ります。
　「ヨーイドン」の合図で，相手チームのガムテープをとってきて，この得点板のところにはりつけましょう。
　こうして，5枚早くはりつけたチームの勝ちです。
　それでは，みんな円のなかに入って――。「ヨーイドン」
　「ハイ，ヤメー。○○チームの勝ち」

記　録

年　月　日	対象	場所	喜び

指導メモ

　必ずしも，攻守半分にわかれなくてもけっこうです。子どもたちの好きなようにさせてください。やっているうちに，いろいろ相談することでしょう。
　ゲーム中，「ただいま3対2で○○チームがリードしています」などと，コメントを入れると，いっそう燃えます。

創作●2チーム対抗ゲーム

Aチーム

① 2チームにわかれ円のなか にガムテープを5枚はる

Bチーム

② 「ヨーイドン」の合図で相手 チームのテープをはやくみん なとったチームの勝ち

Aチーム ｜ Bチーム

得点板

とったで はりつけて こよう

やったア

いてて

とらせ るものか

33 陣とり

　2つのチームにわかれてください。
　1つのチームはあの木，もう1つのチームはあそこの木がみなさんの陣です。
　みんな，陣にさわっていてください。「ヨーイドン」の合図があったら，自分の陣から出て相手の陣にむかってでかけます。途中，相手と出会ったらじゃまをしてもいいよ。そして，早く相手の陣にタッチしたチームの勝ちになります。
　タッチしたら，しんぱんはすぐ笛をふいてください。
　笛がなったら，必ず自分の陣まで戻ってくるんですよ。いいですか。
　「ヨーイドン！」

(記　録)

年　月　日	対象	場所	喜び

(指導メモ)

　敵・味方がわかるように，帽子やはちまきでしるしをつけてください。
　しんぱんを2人決めて，しんぱんはタッチした瞬間笛をふきます。
　子どもたちを各陣に戻し，「いまの勝負，○○チームの勝ち」といってください。
　何度もつづけると，陣を守る子，攻める子など自然に役割をするようになったり，相談して決めたり，チームワークが大変よくなります。

創作 ● 2チーム対抗ゲーム

2つのチームにわかれ，相手の陣地の木にタッチしたら勝ち！

34　ドロボウをつかまえろ

　2つのチームにわかれますよ。

　勝った人はおまわりさん，負けた人はドロボウになります。ここがろうやです。

　おまわりさんは，ここで「50」かぞえます。その間にドロボウは逃げてください。逃げられる場所は，あそこからあそこまでだ。いいかな。

　「50」かぞえおわったら，おまわりさんはドロボウをつかまえにいくんだよ。ドロボウは，おまわりさんにつかまっても，「イヤダー，イヤダー」といってあばれてもいいんだ。おまわりさんは，なんとかしてろうやまで運んでくるんだよ。ろうやまでつれてこられたら，おとなしく座って待っていてね。

　5分間に何人つかまえてくるか，というあそびだ。わかったかな。

　それでは，準備はいいかな。

　「1・2・3・4…………50」「それいけー」

(記　録)

年　月　日	対象	場所	喜び

(指導メモ)

　すぐつかまって簡単につれてこられるドロボウがいますが，そんな子には「イヤダーといってあばれてごらん」と声をかけてください。

　最後まで残ったドロボウたちは得意満面，汗ダラダラ，子どもたちは必死です。

　攻守交替してまたあそんでください。子どもたちは，普段とちがって本当にがんばりぬきます。

創作 ● 2 チーム対抗ゲーム

35　ポイント野球

　2チームにわかれてください。

　みんな，野球は知っているね。このあそびは，打ったら走っていき，必ずあそこにあるしるしのどれかにさわって帰ってきます。

　打った人が行って帰ってくる間に，ボールがホームに先にきたときは，アウトになるよ。また，守っている人が打った人の身体にボールをあてたときも，打った人はアウトになるんだ。

　こうして，3人アウトになるまでに得点が何点になるか，そして5回戦まで交替してあそびましょう。

　もちろん，合計得点の多いチームの勝ちだ！

記録

年　月　日	対象	場所	喜び

指導メモ

　だれでもできます。テニスボールやドッジボールの球，なんでも結構です。バットがないときは，けったり投げて行います。せまい部屋のなかでは，ゴロで新聞棒を使ってやりましょう。

　ルールは簡単ですから，みんなで楽しめます。かつて，親子で30回近く4時間ばかりつづけたことがあります。

　いいあたりをしても得点を欲ばると……。でも欲ばるところが，実におもしろいあそびです。

創作●2チーム対抗ゲーム

ルールは、打ったあと自分で点のきまった木にさわってもどってくること。

タッチ

3

2

1

いそげいそげ

ありゃ

ヘイカムカットン

もどってくるまでにキャッチャーにボールがもどってくるかぶつけられたらアウト。

A	5	3	10	
B	6	2		

よくばって遠い木までいくとアウトになるよ。

83

子どもといっしょに活動を始めてから，やがて47年になろうとしていますが，創作のあそびは，現場で窮して出たものが，ほとんどといってよいでしょう。そして，実践活動のなかで，何が子どもにとって楽しいことか，何が欠けているか肌で感じてきました。

　子どもの動きのなかから，楽しいものを見つけ，この楽しいものを子どもに返してあげたいと思っています。

　創作であったあそびが，いつかひとり歩きをして，だれが考えたかわからないあそびになったときに，はじめてこのあそびの意味がわかるものなのかもしれません。個人の手のなかからひとり立ちをして，それぞれの工夫が加わり，また小さなきっかけから，まったく新しいあそびが生まれてくるものだと思います。

　あそびの心をもった子どもとおとなの楽しい交流がいまいちばん大切なときではないでしょうか。

各チーム対抗ゲーム

36 子ふやしリレー

　各チーム6人ずつにわかれてください。
　「ヨーイドン」で先頭の人が，走ってあの旗をまわって帰ってきます。帰ってきたら，こんどはつぎの人と手をつないで2人で走るんだ。このつぎは3人，このつぎは4人……。どんどんふやして早く6人がまわってきたチームの勝ちというあそびだよ。
　先頭は6回も走るんだから，がんばれよ。いいかな。もし途中で手が離れるのをみたら，「10」といって指差すから，そこでとまって「10」かぞえてまた出発だ！
　「ヨーイドン」

(記　録)

年　月　日	対象	場所	喜び

(指導メモ)

　旗と旗の間を広くしてください。
　手をつないだまま走るのはとてもおもしろいのですが，先頭があまりスピードを出しすぎると，旗をまわるとき後ろの子の手が離れてしまいます。何度もやっているうちに，子どもたちもどうやったらいいか，いろいろ考えていくことでしょう。
　また，両手をつないで走る方法もやってみましょう。

創作●各チーム対抗ゲーム

① 6人を1チームに!

② 先頭の子が旗をまわってくる。

③ まわってきたら、つぎの子と手をつないで2人で旗をまわってくる。

2人目だ

ぼく3人目なのだ

④ こうして早く6人がまわってきたチームが勝ち。

37 むかで

　各チーム4人ずつになりましょう。
　前の人のおなかに足をからませて、後ろむきにつながって手の力で進みます（見本をみせる）。わかったかな。
　この線からむこうの旗をまわって、またこの線まで早く戻ってきたチームの勝ちだ。
　先頭が早すぎるときれちゃうから、リズムにあわせてやるとうまくいくよ。
　それでは、「ヨーイドン」。

(記　録)

年　月　日	対象	場所	喜び

(指導メモ)

　人数は、2～8人ぐらいがちょうどよいようです。
　前に進む方法でやってみたり、各チーム4人1組を3組つくってリレーをしたりしましょう。
　「オイッチニ、オイッチニ」声を出すと、みんなもつられて「オイッチニ、オイッチニ」。途中で、もしむかでが切れた時には、先頭をとめて、後ろの人が来るまで待ってドッキングしたら、出発させてください。

創作●各チーム対抗ゲーム

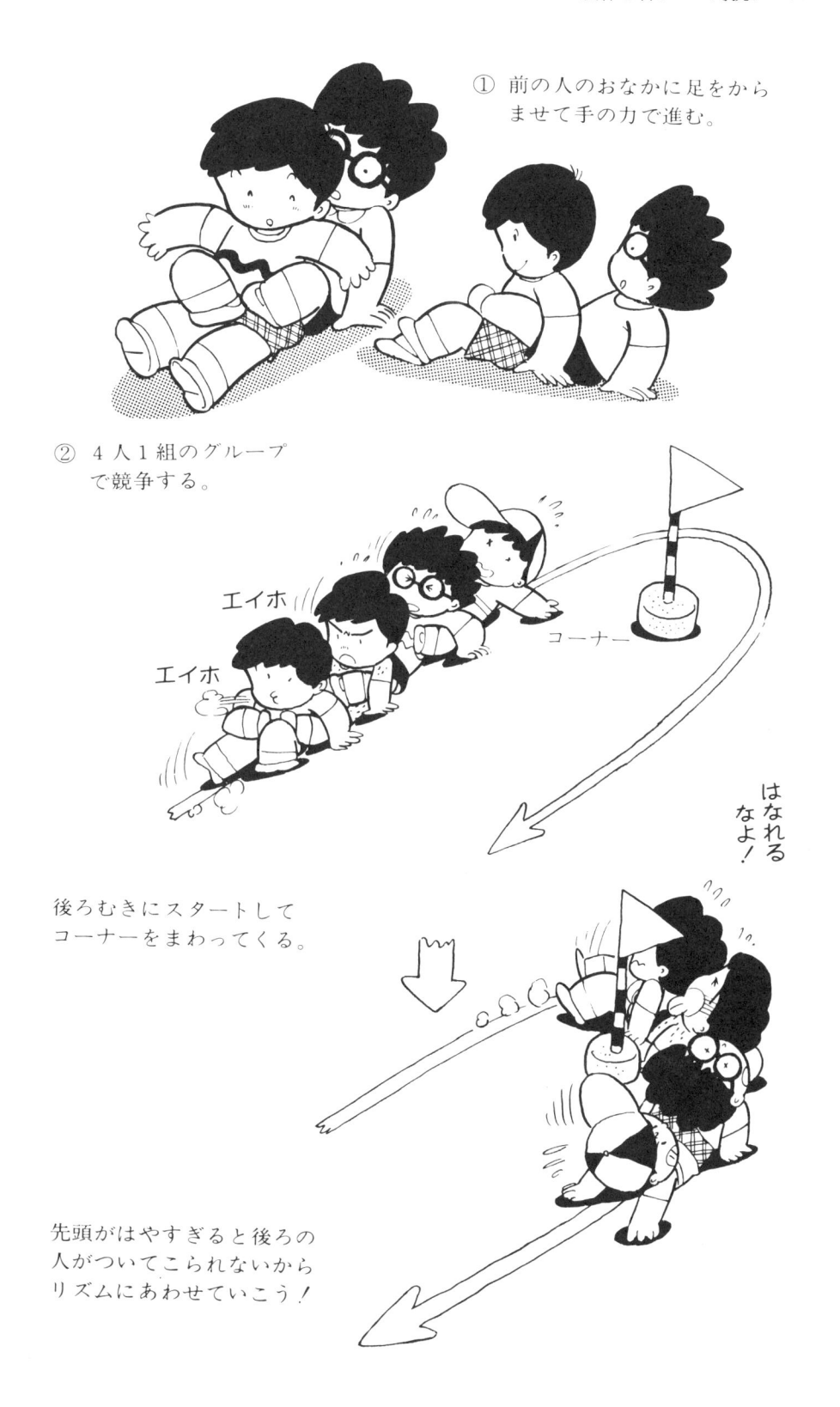

① 前の人のおなかに足をからませて手の力で進む。

② 4人1組のグループで競争する。

エイホ
エイホ
コーナー

はなれるなよ！

後ろむきにスタートしてコーナーをまわってくる。

先頭がはやすぎると後ろの人がついてこられないからリズムにあわせていこう！

89

38 人間ソリ

　各チーム3人ずつ手をつないで，よこに並びましょう。

　まんなかの人は，お尻をつけないで座ってください。

　「ヨーイドン」の合図で，両はしの2人はひっぱって，あの旗のまわりをまわってきて，つぎの組とバトンタッチします。

　こうして，早くおわったチームの勝ちです。

　それでは，「ヨーイドン」

　「○○チームの勝ち」

　つぎは，ひっぱった2人のうち1人が座り，前に座っていた人がひっぱります。

　「ヨーイドン」

　3回やると，みんな一度はひっぱったことになりましたね。気分はどうだったかな。

(記　録)

年　月　日	対象	場所	喜び

(指導メモ)

　ほかに，あおむけ，うつぶせ，ボールをはさんで等，いろいろ工夫してやってみましょう。

　床がよくすべると，かえっておもしろいです。

創作●各チーム対抗ゲーム

① 3人1組で、ひとりは座り、ふたりがひっぱる。

② リレーをする。旗をまわってかえってくる。

ほかにもこんなやり方で

〈うつぶせ〉

〈あおむけ〉

〈ボールをはさんで〉

39　新聞棒リレー

　各チーム10人ずつになってください。
　新聞棒を使ってリレーをしましょう。
　最初は，新聞棒がバトンのかわりだよ。いいかな。
　「ヨーイドン」
　つぎは，ふたりでボートだ！
　さあ，こんどは「キャタピラ」です。2人でしっかり新聞棒を両手に持って，ねてください。さあ，むこうまで"ゴロゴロころがって"まわってきましょう。
　つぎは，「えびがに」だ。1人ずつ新聞棒を両手に持ち，積木（軽いもの）やボールをはさみ，うつぶせのまま前に進んで帰ってきます。

記　録

年　月　日	対象	場所	喜び

指導メモ

　背なかに新聞棒を入れて，走って帰ってくる「佐々木小次郎」あそびや曲芸師など，いろいろ工夫してみてください。
　子どもたちに，この棒でどんなリレーゲームができるか，問いかけてみて，どんなものでもとにかく実際にやってみましょう。
　そのなかから，また新しい喜びが生まれてきます。

創作●各チーム対抗ゲーム

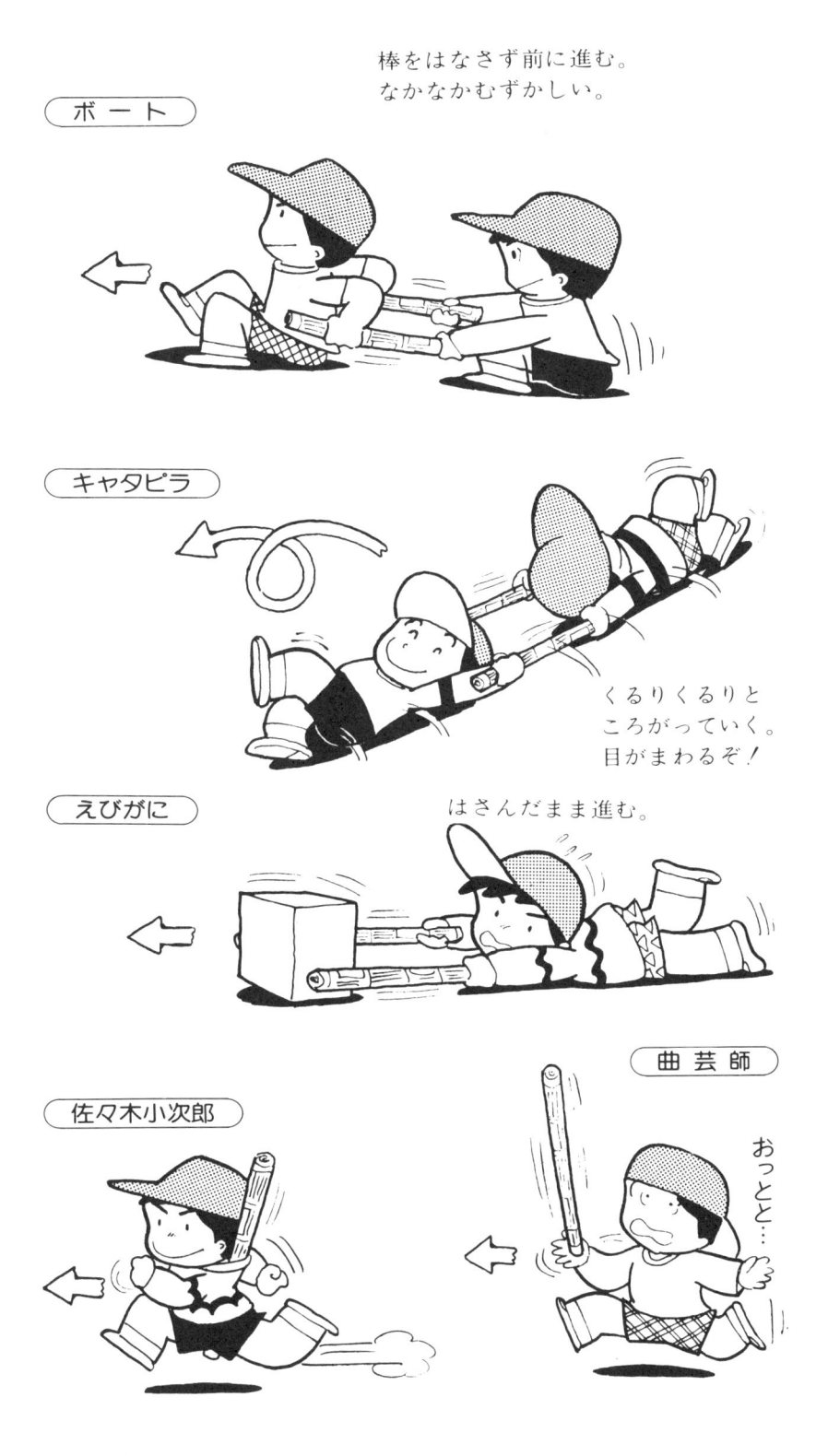

棒をはなさず前に進む。
なかなかむずかしい。

(ボート)

(キャタピラ)

くるりくるりと
ころがっていく。
目がまわるぞ！

(えびがに)

はさんだまま進む。

(佐々木小次郎)

(曲芸師)

おっとと…

40 私のあとについておいで

　各チームとも、この線の上にたて一列に並んでください。
　いま、いちばん前にいる人は隊長さんです。後ろをむいて、こういってください。「私のあとについておいで」
　後ろの人は、「はい、はい、どこまでも」と、必ずこたえましょう。
　「ヨーイドン」の合図があったら、隊長は、自分の好きなかっこう（片足・走る・あひる歩きなど）ででかけてください。
　後ろの人は、先頭のまねをしてしっかりついていくんだよ。途中で、「もどれー」と合図をしますから、そうしたら大急ぎで走って、元の線の上に順番にきれいに並んだチームの勝ちです。
　1回戦がおわったら、隊長はみんなにむかって「ごくろうさんでした」といって、いちばん後ろにつきます。こんどは2番目だった人が隊長さん。わかったかな。
　さあ、やってみよう。「ヨーイドン」

記録

年　月　日	対象	場所	喜び

指導メモ

　このあそびは、一度は必ず隊長になれるので、大変喜ばれます。
　チームの人数が多いと走る量がふえて、いつの間にか何百mも走ってしまいます。

創作●各チーム対抗ゲーム

きび〜しい
ヨーイドン
けんけんだ
隊長
隊長
ゴリラあるきだ
隊長

ジャンケンで決めた隊長についていく。隊長は好きなかっこうで走ったり歩いたりする。他の子はそのまねをする。

まちがわないようにね！

くたびれる〜
よいしょ

あひる歩きはきついぞ！

95

41 グー・チョキ・パー・リレー

　各チーム6人になってください。さあ，並んだかな。
　「ヨーイドン」の合図で，先頭の人から自分のすきな旗の所へ行って，円のなかのカードを，1枚ひろってきてください。1枚だけだよ，いいな。
　もし，「グー」がでたら，そのカードをそこに置いて「グー」の旗の所へ行って，またカードを1枚ひろいます。
　「グー・チョキ・パー」の3つがかいてあるカードが出たら，「やったー」と大声で叫んで見せてください。そして，よくまぜて大急ぎで帰ってきて，つぎの人にバトンタッチしてください。
　こうして，6人が早く帰ってきたチームの勝ちになります。
　もし，「グー・チョキ・パー」のカードがうまくあたらないと，ずっと走りっぱなしになるから，がんばるんだよ。
　それでは，「ヨーイドン！」。

（記　録）

年　月　日	対象	場所	喜び

（指導メモ）

　カードの用意はしっかりと！
　旗がないときは，かわりにリーダーや子どもの代表にカードを持たせて，走ってきた子どもにひかせてもよいでしょう。

創作●各チーム対抗ゲーム

用意するもの

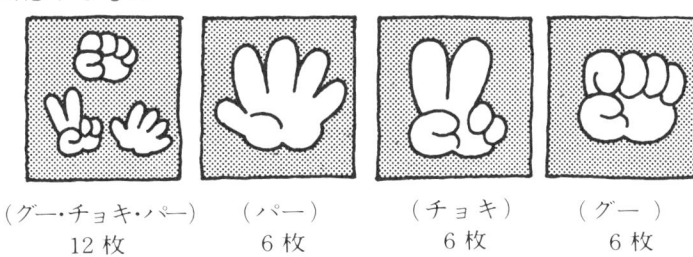

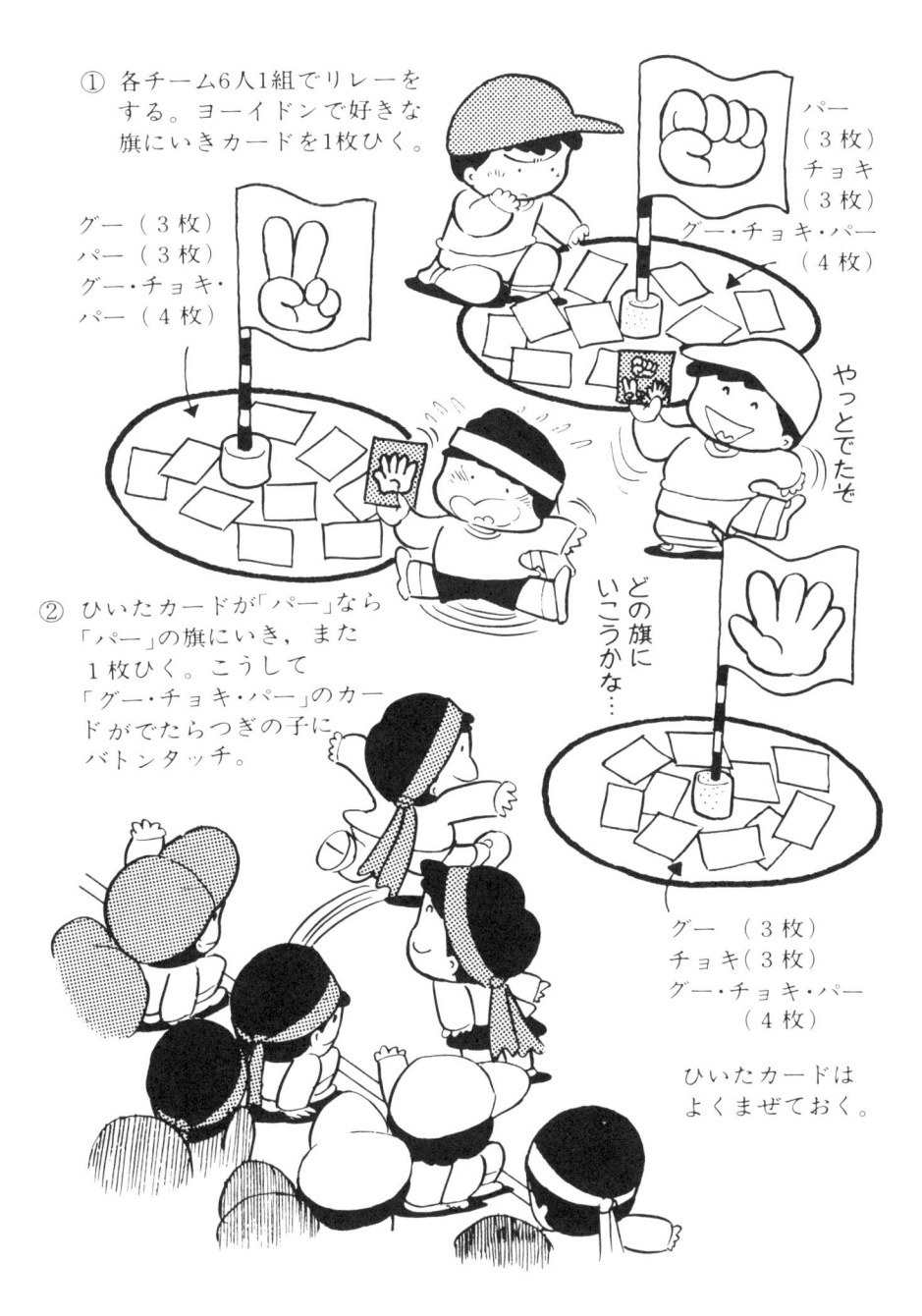

（グー・チョキ・パー）　（パー）　（チョキ）　（グー）
　　12枚　　　　　　　6枚　　　6枚　　　6枚

① 各チーム6人1組でリレーをする。ヨーイドンで好きな旗にいきカードを1枚ひく。

グー　（3枚）
パー　（3枚）
グー・チョキ・
パー　（4枚）

パー　（3枚）
チョキ（3枚）
グー・チョキ・パー（4枚）

やっとでたぞ

どの旗にいこうかな…

② ひいたカードが「パー」なら「パー」の旗にいき，また1枚ひく。こうして「グー・チョキ・パー」のカードがでたらつぎの子にバトンタッチ。

グー　（3枚）
チョキ（3枚）
グー・チョキ・パー（4枚）

ひいたカードはよくまぜておく。

42　絵かきジャンケン

　おにを4人決めましょう。その他の人は，各チーム6人になって，一列に並んでください。先頭の人（隊長）に，カード（原紙）を1枚ずつわたしますよ。おには，マジックをもってどこかで待っていてください。
　みんなは，隊長の後ろにしっかりくっついていきましょう。
　隊長は，おにを見つけたらジャンケンをします。ジャンケンで勝ったら，おにに絵を1つかいてもらいます。負けたら「サヨウナラ」——何にもかいてもらえないんだよ。勝ったら，まだ隊長さんです。そして，また他のおにを見つけてジャンケンをします。もしジャンケンで負けたら，隊長さんはいちばん後ろに並んで2番目の人が隊長になって，あそびをつづけます。こうして，絵を10枚早くもらってきたチームの勝ちです。
　いいかな。それでは，おにの人は出かけてください。

（記　録）

年　月　日	対象	場所	喜び

（指導メモ）

　公園や原っぱ，教室等を使って，思いっきり走らせましょう。もちろん，範囲を決めてやってください。
　マジックは，それぞれ違った色を持たせましょう。
　カードに，あらかじめ10個のますをつくっておくとわかりやすいでしょう。
　また，時間内に絵をいくつかいてもらったか競う方法もやってみましょう。
　このあそびを，1時間ばかりつづけたときには子どもたちは汗だくでくたびれはててしまうことでしょう。

創作●各チーム対抗ゲーム

おにをみつけて，カードに絵を10枚かいてもらったチームの勝ち。

どこにいるのかな〜

こんなにあつまったぞ！

ジャンケンで負けたら隊長をかわる。

おに

またおいで

さあ早くかけ

ジャンケンでおににに勝ったら絵をかいてもらう。

99

43 カードジャンケン

　3つのチームにわかれてください。
　各チームに「グー」「チョキ」「パー」のカードが10枚ずつ入った箱を渡しますから、それを持っていって自分たちの陣を決めてください。
　「ヨーイドン」の合図で、各チームともそれぞれ自分の好きなカードを持って、他のチームの人と「ドン」といって相手にさわります。そして、「ジャンケンポン」の合図でカードを出し合います。勝ったら相手のカードをもらって、必ず自分の陣の箱にどちらか1枚のカードを入れ、また出かけましょう。
　負けた人は、自分の陣へ戻って別のカードを1枚とり、またジャンケンの相手を見つけ「ドン」をします。引き分けのときは、また別の相手と「ドン」をします。こうして、つづけてください。
　「ヤメー」の合図があったら、自分の陣へかえってカードの枚数をかぞえ、カードのいちばん多いチームの勝ちになります。
　さあ、みんな、それぞれの陣についてください。カードは、もったかな。
　「ヨーイドン！」

記録

年月日	対象	場所	喜び

指導メモ

　1回戦がおわったら、そのままの枚数で2回戦をやってみましょう。
　急にふえたり減ったりして、おもしろいですよ。

創作●各チーム対抗ゲーム

① 3チームにわかれグー・チョキ・パーのカードを各10枚ずつはいった箱を用意する。

（グー）　（チョキ）　（パー）

② 好きなカードを1枚もって全員ジャンケンの相手をさがしにいく。

負けたら別のカードをとりにいく。

③ 「ドン」でジャンケンをして勝ったら相手のカードをもらえる。

④ カードが一番多いチームが勝ち！

44　集団ジャンケン

　3つのグループにわかれてジャンケンをしましょう。
　各チームみんなで，グー・チョキ・パーの何を出すか決めてくださいね。
　ジャンケンは，ふつう手でやりますが，このジャンケンはからだ全体でやります。
　パーは，こんなふうに手も足もひらきます。
　グーは，座ります。
　チョキは，片手を前にもう一方の手は耳のところに，足は片ひざをつきます。
　さあ，それではみんなで相談しましょう。決まったら用意ができたという合図に手をたたいてください。
　みんな決まったようですね。それでは，「ジャンケンポン」。
　このチームはグー，このチームはチョキ，このチームはグー――そうすると，グーを出したチームの勝ちですね。

記録

年　月　日	対象	場所	喜び

指導メモ

　みんなで相談をして，みんな同じものを出す――これが大切なあそびです。
　出すものが決まっても，ひとりだけ違うものを出してしまったり，とてもゆかいなあそびです。勝ったら1点，そしてどのチームが，早く5点とるか競ってもおもしろいでしょう。
　動作は，みんなで考えてみましょう。

創作●各チーム対抗ゲーム

ジャンケンをからだであらわす。

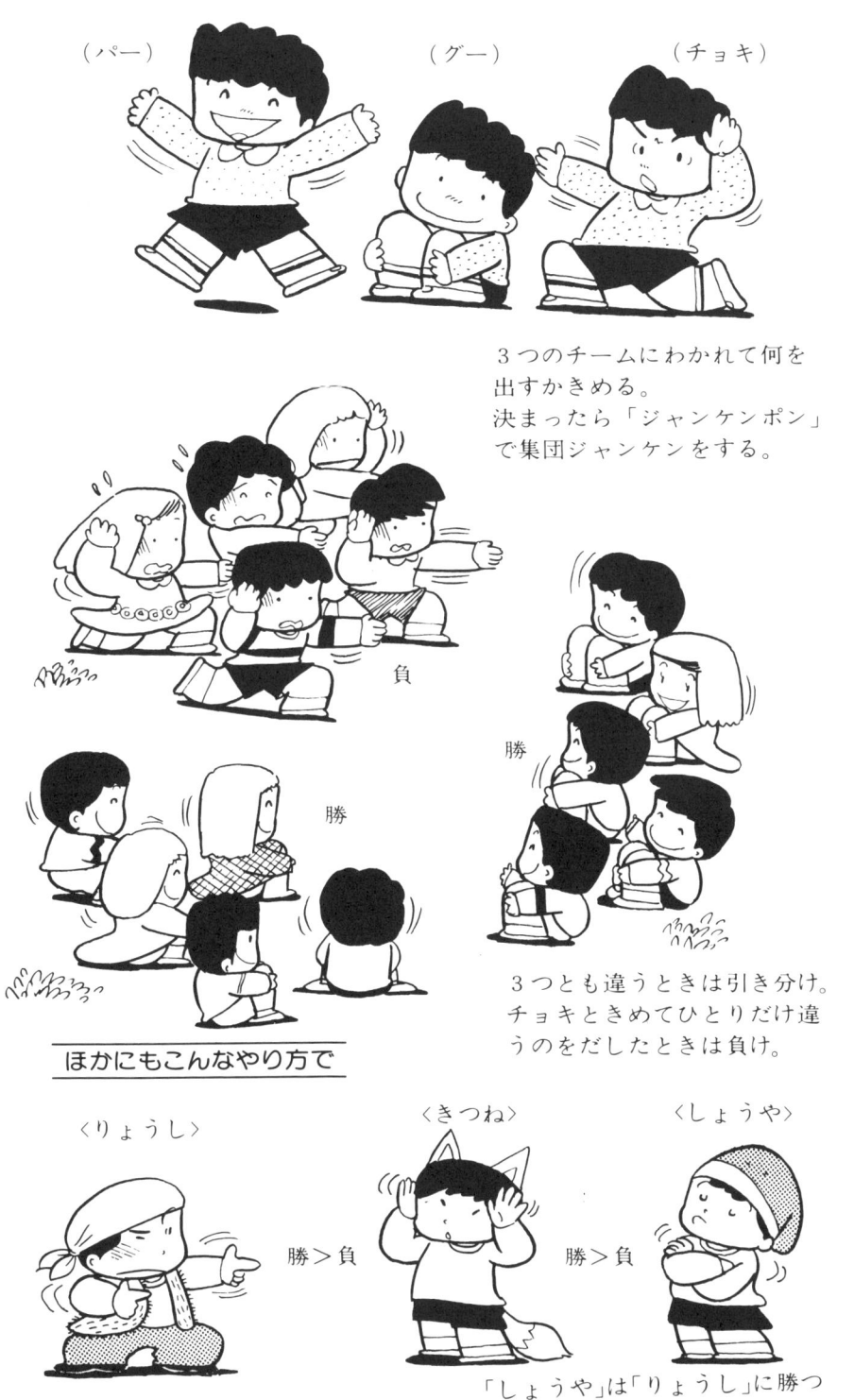

（パー）　（グー）　（チョキ）

3つのチームにわかれて何を出すかきめる。
決まったら「ジャンケンポン」で集団ジャンケンをする。

負

勝

勝

3つとも違うときは引き分け。
チョキときめてひとりだけ違うのをだしたときは負け。

ほかにもこんなやり方で

〈りょうし〉　〈きつね〉　〈しょうや〉

勝＞負　　勝＞負

「しょうや」は「りょうし」に勝つ

45 長馬リレー

　各チーム，馬の人と騎手の人にわかれます。
　馬になる人は，むこうの線のところに，たてに並んでください。（馬のつくり方の見本を示す。）
　騎手の人は，こっちの線から「ヨーイドン」で走っていき，馬の背にとびのり，這って馬の頭（先頭）にさわったら降りて走って帰り，つぎの人にリレーします。
　こうして，騎手が全員早く乗りおわったチームの勝ちになります。2回戦は，騎手と馬を交替しておこないます。
　途中で，騎手が馬から落ちたら，もう一度やり直してください。
　それでは，いいかな。
　「ヨーイドン！」

（記　録）

年　月　日	対象	場所	喜び

（指導メモ）

　ラインは，あらかじめきちんと書いておいてください。
　馬は，図のようにしっかりつながるよう，見本を示してください。
　馬の背を這って進むのは，けっこう大変なことです。油断すると，落馬，落馬，気をつけて！

創作●各チーム対抗ゲーム

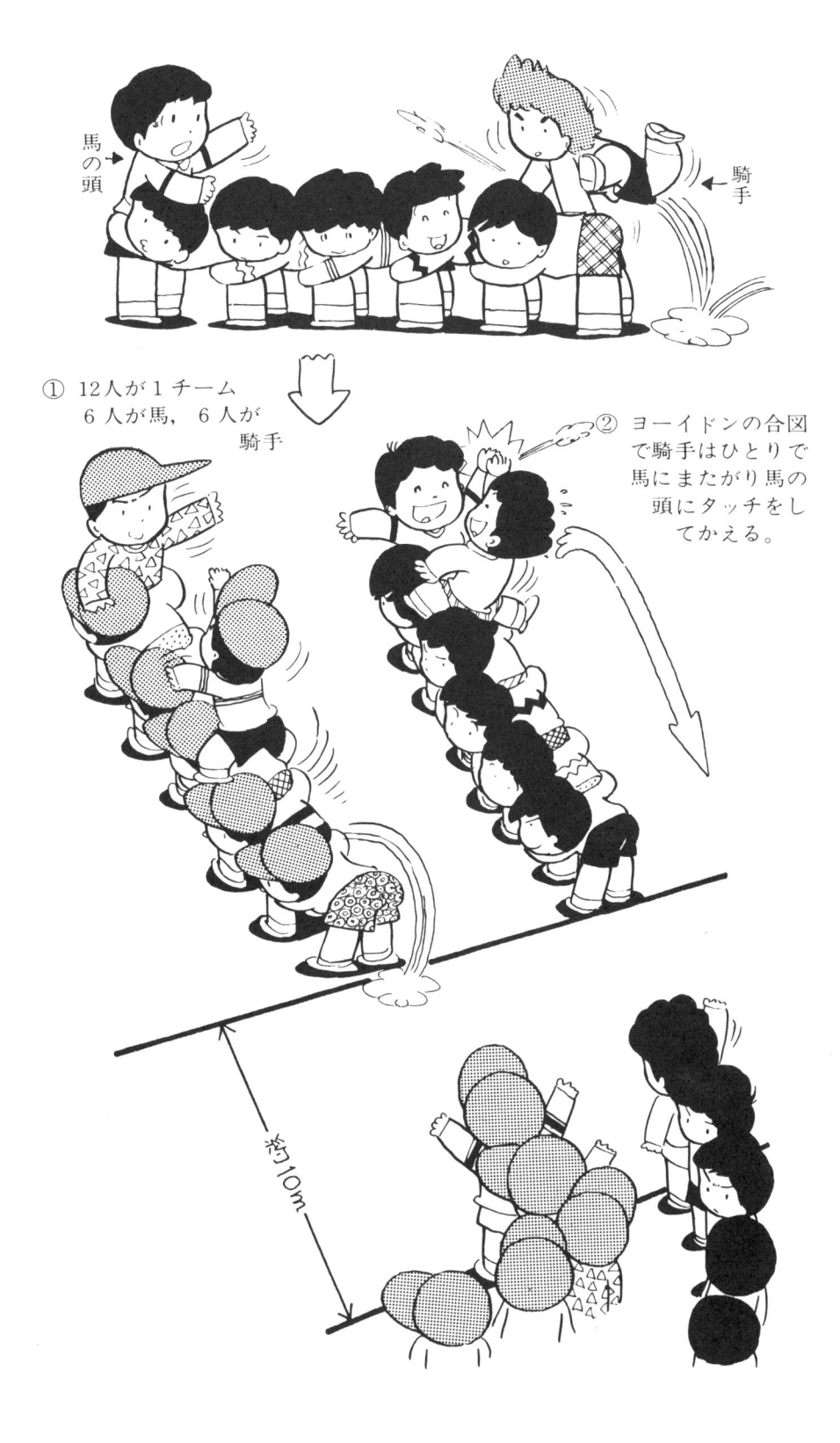

① 12人が1チーム
　6人が馬，6人が騎手

馬の頭

騎手

② ヨーイドンの合図で騎手はひとりで馬にまたがり馬の頭にタッチをしてかえる。

約10m

46 移動大作戦

　4つのチームにわかれ，各チームとも正方形のまわりの線の上に，内側をむいて立ってください。そうです，できましたね。
　「ヨーイドン」の合図で，それぞれのチームは反対側の線にむかって走りぬけ，早く線の上に並んだチームの勝ちです。
　途中ぶつからないように，うまくすりぬけてください。いいですね。
　「ヨーイドン」
　「〇〇チームの勝ち」
　「バンザーイ」

記録

年 月 日	対象	場所	喜び

指導メモ

　"みんなヨーイドン"（創作22）をやってからこのあそびに入ってください。
　三方向から走ってくるので，スリルは満点です。
　また，どのチームが勝ったか，よく見ていてあげてください。
　全員「きをつけ」がきちんと早くできたチームの勝ちにしましょう。
　始める前に，「エイエイオー」のかけ声をすると，大変もり上がります。

創作●各チーム対抗ゲーム

① 正方形のラインをつくり，各チーム同人数ずつ内側をむいて立つ。

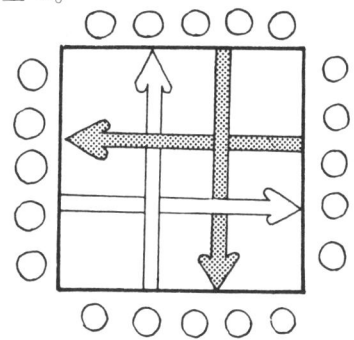

② 笛の合図で矢印の方向に進み，早くラインにきちんとならんだチームの勝ち。

いそげいそげ

三方向から来る相手チームにぶつからずにすりぬけよう！

47　みんなで ひっこし

　これから，各チームに新聞紙を3枚ずつくばりますよ。
　この新聞紙は，島のかわりです。
　この3枚を，順に前に並べていき，その上に人が乗ります。そして，いちばん後ろの人が空いた新聞紙を，リレーで前の人に送ります。前の人は，自分の前に新聞紙を置いてその上に乗り，つぎつぎと他の人も移動します。
　こうして，むこうの線まで全員が早く渡りおえたチームの勝ち，というあそびです。最後の人は必ず，新聞紙をかたづけてください。
　もし新聞紙の島からひとりでも落ちたら，もう一度やり直しだよ。わかったかな。
　「ヨーイドン」

記録

年月日	対象	場所	喜び

指導メモ

　チーム全員が進まなくてはいけないので，チームワークがよいとスイスイ。
　いちばん後ろの新聞紙を前へもってこないと先に進めないところが，このゲームのおもしろいところです。
　各チームの人数に応じて，新聞紙の枚数を決めてください。
　新聞紙が破れても，島の上に乗っていれば大丈夫です。

創作●各チーム対抗ゲーム

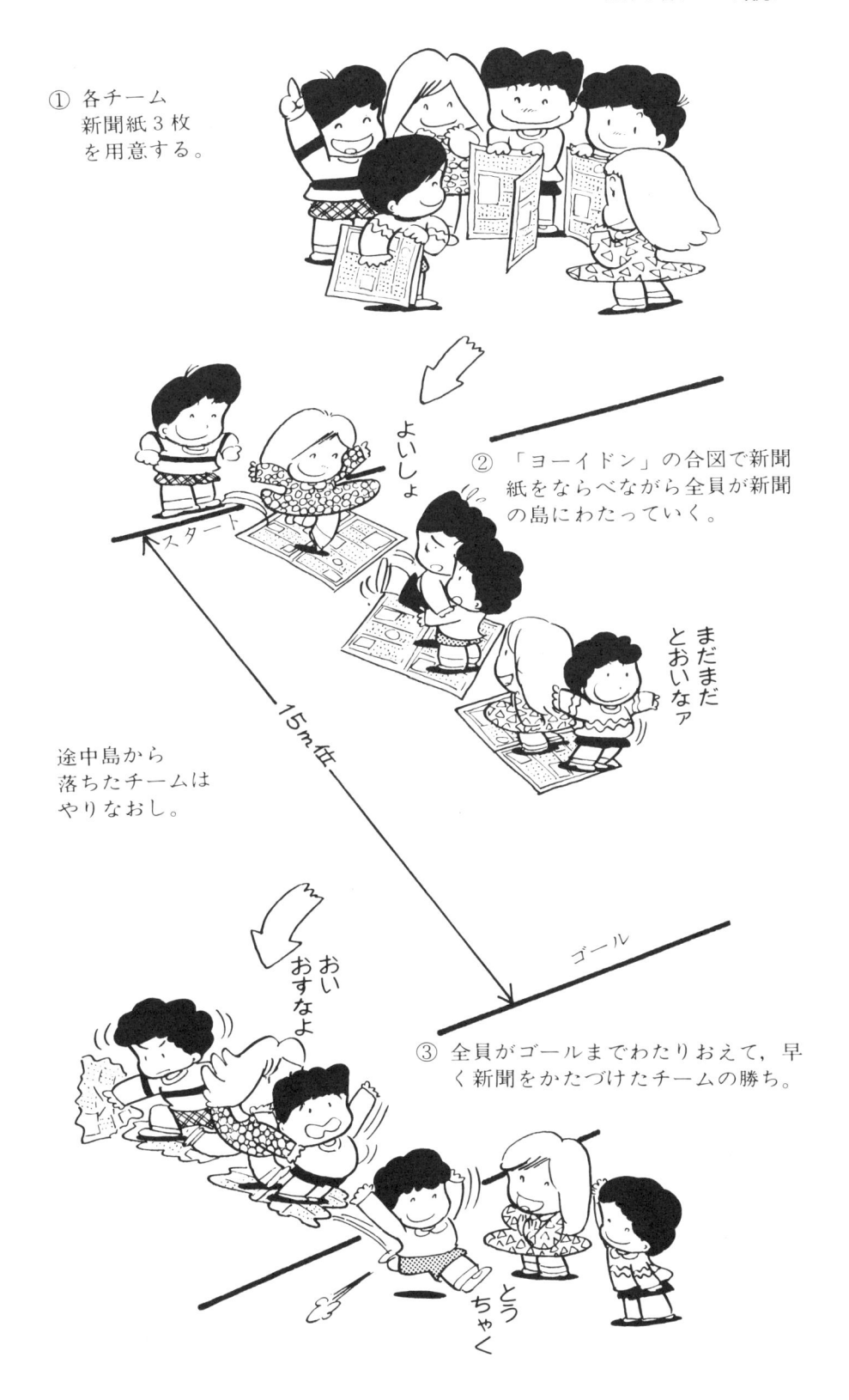

① 各チーム新聞紙3枚を用意する。

② 「ヨーイドン」の合図で新聞紙をならべながら全員が新聞の島にわたっていく。

よいしょ

まだまだとおいなァ

スタート

15m位

途中島から落ちたチームはやりなおし。

ゴール

おいおすなよ

とうちゃく

③ 全員がゴールまでわたりおえて、早く新聞をかたづけたチームの勝ち。

48 服笑い

各チーム，6人になりましょう。
みんなが，からだにつけているもの，たとえば帽子，くつ，洋服を使って「ひこうき」をつくってみましょう。
「ヨーイドン！」
「とってもいいのができたね」
「ここは何かな。フーン，そうじゅうせきか」
「それでは，こんどは好きなものを，つくってごらん」
「さて，ここのグループは何ができたかな」「気球」
「なるほど，うまくできたね。ここは，何かな」「自動車だよ」
「光ちゃん。これはナーニ？」「バックミラーさ」
さて，じょうずにできたから，こんどは着る競争をしましょう。

記録

年 月 日	対象	場所	喜び

指導メモ

このあそびには，勝ち負けはありません。

それぞれみんなで協力をしたり，お互いに見せあいをしているうちに，だんだん作品が変っていくおもしろさ，そして洋服をぬいだり，パンツひとつになってつくる楽しさが，このあそびのなかにあります。

何ができたか，お話をしてみましょう。

創作●各チーム対抗ゲーム

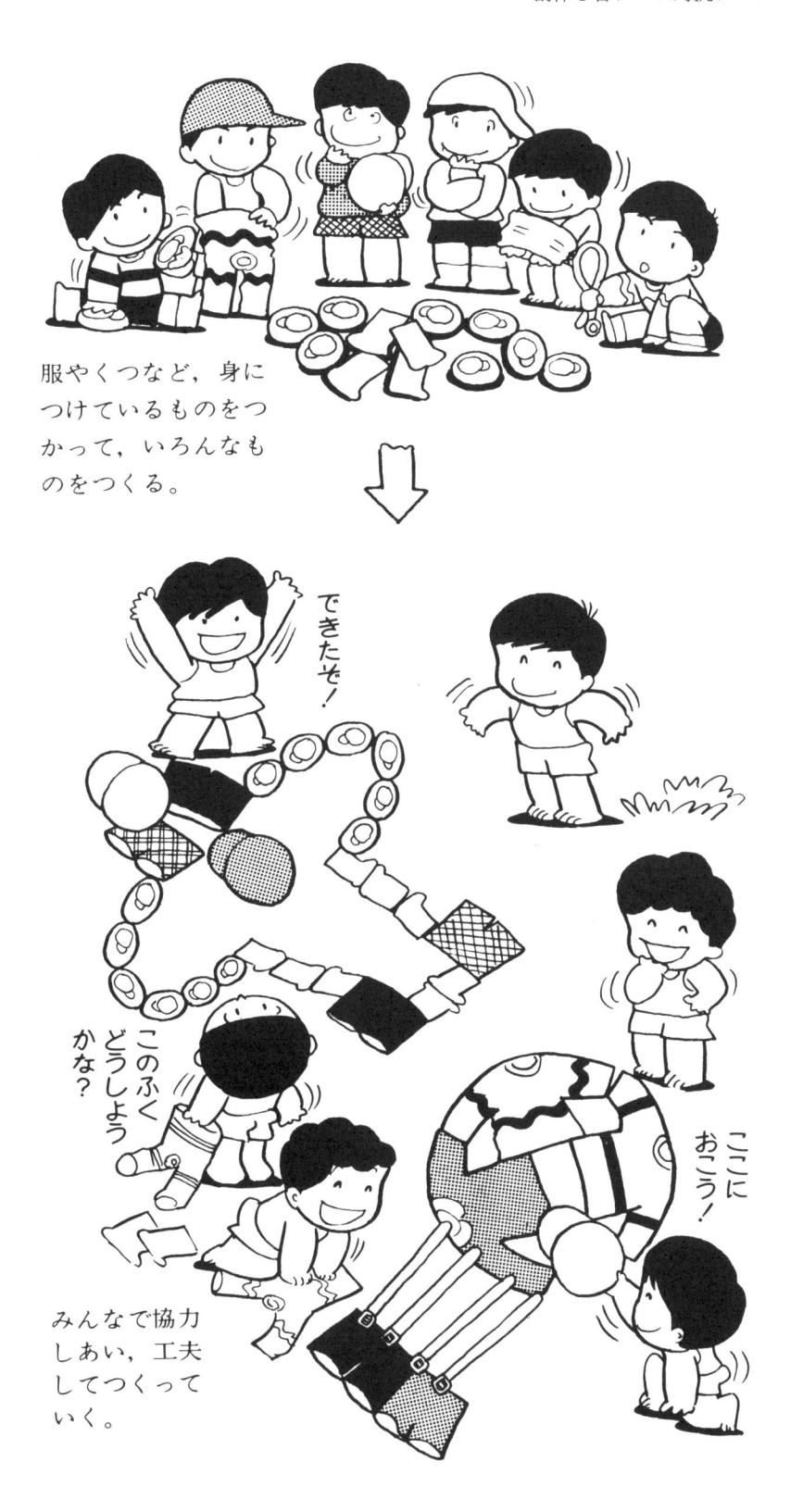

服やくつなど，身につけているものをつかって，いろんなものをつくる。

できたぞ！

このふくどうしようかな？

ここにおこう！

みんなで協力しあい，工夫してつくっていく。

49 オオカミとひつじ

　3つのグループにわかれ，ひとりはおとうさんひつじ，あとの人は子ひつじになってください。

　わたしが，オオカミになります。「20」かぞえる間に，おとうさんひつじはむこうへ逃げます。残された子ひつじは，おとうさんひつじがどこへ行ったかよく見ていてください。

　「ヨーイドン」といったら，子ひつじはおとうさんひつじのところへくっついて，全員そろったら「バンザーイ」をしましょう。早く「バンザイ」をしたチームの勝ちになります。

　途中，オオカミが新聞棒で子ひつじをたたきますよ。たたかれても，少しがまんして，おとうさんひつじのところに行ってくださいね。

　いいかな。ヨーシ。「1・2・3・4………20」(おとうさんひつじ逃げる。)
「ヨーイドン」(子ひつじ，おとうさんひつじをさがしに出かける。)

（記　録）

年　月　日	対象	場所	喜び

（指導メモ）

　はじめ，リーダーがオオカミになって，「ウォー」などといって，子ひつじをおそって新聞棒でたたいてください。

　何回かやって慣れたら，子どものなかから，2〜3人オオカミを選んでやってみましょう。

創作●各チーム対抗ゲーム

3つのグループにわかれる。

おとうさんひつじ

子ひつじ

オオカミ

早くおとうさんひつじのところに全員あつまったチームの勝ち。

ガォー

オオカミだ

きゃっ

オオカミはさがしにきた子ひつじを新聞棒でたたく。

しずかに

著者紹介
有木昭久

1942 年生まれ。
1965 年，法政大学経営学部卒業。
子どもたちから，「ありんこ」と呼ばれ親しまれている。伝承遊び，創作遊び，工作遊び，駄玩具の研究に精を出す。
日本児童遊戯研究所所長。
現在，川崎青葉・さぎぬま幼稚園講師。

＜著　書＞
『子どもの喜ぶ伝承集団ゲーム集』『楽しい指あそび・手あそび160』『楽しいあやとり遊び』『楽しい父と子の遊び』（以上，黎明書房），『みんなであそぼう：650のあそびのヒント集』『親子でたのしむストロー工作』（以上，福音館書店），『わかりやすいあやとり百科』（ポプラ社），『脳活性あやとり』（ブティック社），『楽しい遊び』『保育カリキュラム資料』『すぐ遊べるゲーム（全6巻）』（以上，フレーベル館），『あやとり入門』（保育社），『遊びの事典』（共著，東京書籍）

＜住　所＞
〒158-0093
東京都世田谷区上野毛2-5-25-310

協力園　川崎青葉幼稚園・さぎぬま幼稚園・文教大学学園幼稚園
本文イラスト　しばはら・ち
カバー・本扉・中扉イラスト　伊東美貴

子どもの喜ぶ創作集団ゲーム集

2009年6月1日　初版発行

著　者	有木昭久
発行者	武馬久仁裕
印　刷	株式会社　太洋社
製　本	株式会社　太洋社

発　行　所　　株式会社　黎明書房

460-0002 名古屋市中区丸の内3-6-27 EBSビル ☎052-962-3045
FAX052-951-9065 振替・00880-1-59001
101-0051 東京連絡所・千代田区神田神保町1-32-2 南部ビル302号
☎03-3268-3470

落丁本・乱丁本はお取替します　　ISBN978-4-654-05962-1
Ⓒ T. Ariki 2009, Printed in Japan